智慧之源
科学美

青少年审美素养丛书

总主编：赵伶俐　汪　宏

主编：叶泽洲　向春燕　陈　月　谢　丹

西南师范大学出版社
国家一级出版社　全国百佳图书出版单位

图书在版编目（CIP）数据

智慧之源：科学美/叶泽洲等主编. -- 重庆：西南师范大学出版社，2021.6
（青少年审美素养丛书）
ISBN 978-7-5621-5638-3

Ⅰ.①智… Ⅱ.①叶… Ⅲ.①青少年教育—审美教育 Ⅳ.① G40-014

中国版本图书馆 CIP 数据核字（2019）第 089202 号

青少年审美素养丛书
总主编：赵伶俐　汪　宏
策　划：郑持军　张燕妮

智慧之源 —— 科学美
ZHIHUI ZHI YUAN KEXUE MEI

主　编：叶泽洲　向春燕　陈　月　谢　丹

责任编辑：鲁　欣　杜珍辉
责任校对：赵　洁
装帧设计：张　晗
排　　版：重庆允在商务信息咨询有限公司
出版发行：西南师范大学出版社
　　　　　地址：重庆市北碚区天生路 2 号
　　　　　邮编：400715
　　　　　市场营销部电话：023-68868624
印　　刷：重庆共创印务有限公司
幅面尺寸：170mm×240mm
印　　张：9.75
字　　数：137 千字
版　　次：2021 年 6 月　第 1 版
印　　次：2021 年 6 月　第 1 次印刷
书　　号：ISBN 978-7-5621-5638-3

定　　价：32.00 元

丛书寄语

青少年朋友们，"美"是一个多么令人身心愉悦、陶醉的字眼啊！但是，要能够在周而复始、紧张的学习生活中，在看似平淡无奇的生活中，发现美、欣赏美、表现美、创造美，却是一个需要一生不断学习、积累和领悟的过程。新时期党和国家更强调美在培育人才、建设祖国中的重要地位，更加重视"以德树人、以美育人、以文化人，提高学生审美与人文素养"，赋予美以践行社会主义核心价值观、弘扬中华传统美育精神和坚定文化自信的重要内涵。

我们编写的这套"青少年审美素养丛书"就是以"美"为主线，从解释什么是美出发，不断驻足，欣赏自然之美、艺术之美、科学之美、家庭之美……更重要的是，这套丛书的主要作者都只是比各位读者大一点的研究生哥哥姐姐们，他们只是比你们先学习了一步而已。他们以自己对美的热烈向往、认真学习、深度理解，描述了在自然、社会、艺术、科学以及我们的日常生活中存在的各种各样的美，它们能丰富你的学习与生活，也能为你未来的成长和生活积蓄满满的正能量。

《美之奥妙——何为美》的主笔段禹高大帅气，带领着写作小组的同学们，讲起美来娓娓动听；《江山如画——自然美》的主笔林笑夷，特别热爱自然，还有高超的摄影技术，她带领小组成员写作的成果，可以作为你与家人去旅游时的鉴赏手册；《智慧之源——科学美》的主笔叶泽洲，在光电科学的领域中探索，而后再以审美的眼光重新审视了自己所学的专业知识，并带领写作组的同学们一起为血肉丰满的科学之美而感动、而运笔；《缪斯之光——艺术美》

的主笔胡敏楠，一个学美术的姐姐，在大学的学习中总是积极参与活动，投身边远地区的农村中小学，以美育实践进行教育扶贫；还有《天伦乐事——家庭美》《向美而生——生活美》《和谐共鸣——社会美》都是以审美的眼光看待我们的日常生活，那些小人物、小瞬间、小感动，都是美的体现。若我们都能这样，无论在社会、家庭还是个人生活中总会更加幸福、快乐！

　　因为所有参与丛书编写的老师、同学们的共同努力，才有了这套丛书的诞生。你可以与他们取得联系，交流审美的心得、困惑与需求，成为朋友。而且，你还可以对任何一本书的任何一个部分提出意见，下次我们重印修改的时候，你的意见就十分重要了。因为美而结缘的朋友，人生一定会有别样的幸福！

　　西南师范大学出版社的郑持军编辑，以及每本书的编辑老师，为丛书的策划、立项、文本修改、配图等，付出了很多心力。还有叶泽洲，在书稿最后的修改中，做了大量实际工作。他敢于担当的奉献精神，一定会在今后的人生中赢得更多人的欣赏和尊重。让我们在此，真诚地感谢他们！

　　本读者朋友们，如果你有兴趣，请持续关注这套"青少年审美素养丛书"的出版情况。让我们一起持续阅读，持续感悟，持续进步！

赵伶俐、汪宏
西南大学教育学部美育研究中心
2019 年 3 月 23 日

目录 Contents

引言

一　追寻智慧的根源——科学美

    1. 什么是科学美 / 005
    2. 科学美的分类 / 013
    3. 如何欣赏科学美 / 015
    4. 审美表现与创造 / 017

二　数乃万物的本原——数学之美

    1. 什么是数学之美 / 022
    2. 数学之美的欣赏 / 024
    3. 审美表现与创造 / 042

三　品天地之美，悟万物之理——物理学之美

    1. 什么是物理学之美 / 046
    2. 物理学之美的欣赏 / 049
    3. 审美表现与创造 / 060

四　把握物质世界的脉搏——化学之美

    1. 什么是化学之美 / 064
    2. 化学之美的欣赏 / 066
    3. 审美表现与创造 / 076

五　万物生长，生机勃勃——生物学之美

1. 什么是生物学之美　/ 080
2. 生物学之美的欣赏　/ 082
3. 审美表现与创造　/ 095

六　江山如此多娇——地理学之美

1. 什么是地理学之美　/ 100
2. 地理学之美的欣赏　/ 102
3. 审美表现与创造　/ 113

七　遨游浩瀚的宇宙——天文学之美

1. 什么是天文学之美　/ 118
2. 天文学之美的欣赏　/ 119
3. 审美表现与创造　/ 132

八　万物皆信息——信息技术之美

1. 什么是信息技术之美　/136
2. 信息技术之美的欣赏　/ 138
3. 审美表现与创造　/ 146

后记　/ 148

参考书目　/ 149

引言
Introduction

  科学美是大自然与人类智慧碰撞的硕果,是自然和科学家献给整个世界的礼物。在科学这个充满智慧的殿堂里,呈现给人类的是包罗万象的物质世界的统一。在揭开科学美的神秘面纱的过程中,可引导青少年欣赏、实践科学美,并期望青少年能够像无数无私奉献的科学家一样,立天下之志,在波涛汹涌的时代大潮中砥砺前行!

  为了能够让青少年读者全方位地感受科学美,本书将美学原理以通俗易懂的文字融入科学发现的案例中,将看似枯燥的科学赋予情感,让符号、公式、实验以及定律等化为诗,化为歌。从数学、物理、化学、生物、地理等学科的角度去呈现和欣赏精妙绝伦的科学美,有"追寻智慧的根源"(科学美,话题一),有"数乃万物的本原"(数学之美,话题二),有"品天地之美,悟万物之理"(物理学之美,话题三),有"把握物质世界的脉搏"(化学之美,话题四),有"万物生长,生机勃勃"(生物学之美,话题五),有"江山如此多娇"(地理学之美,话题六),有"遨游浩瀚的宇宙"(天文学之美,话题七),有"万物皆信息"(信息技术之美,话题八)。

  让我们一起徜徉在科学之美的海洋里,体会它们的价值,学会欣赏,获得成长。

一

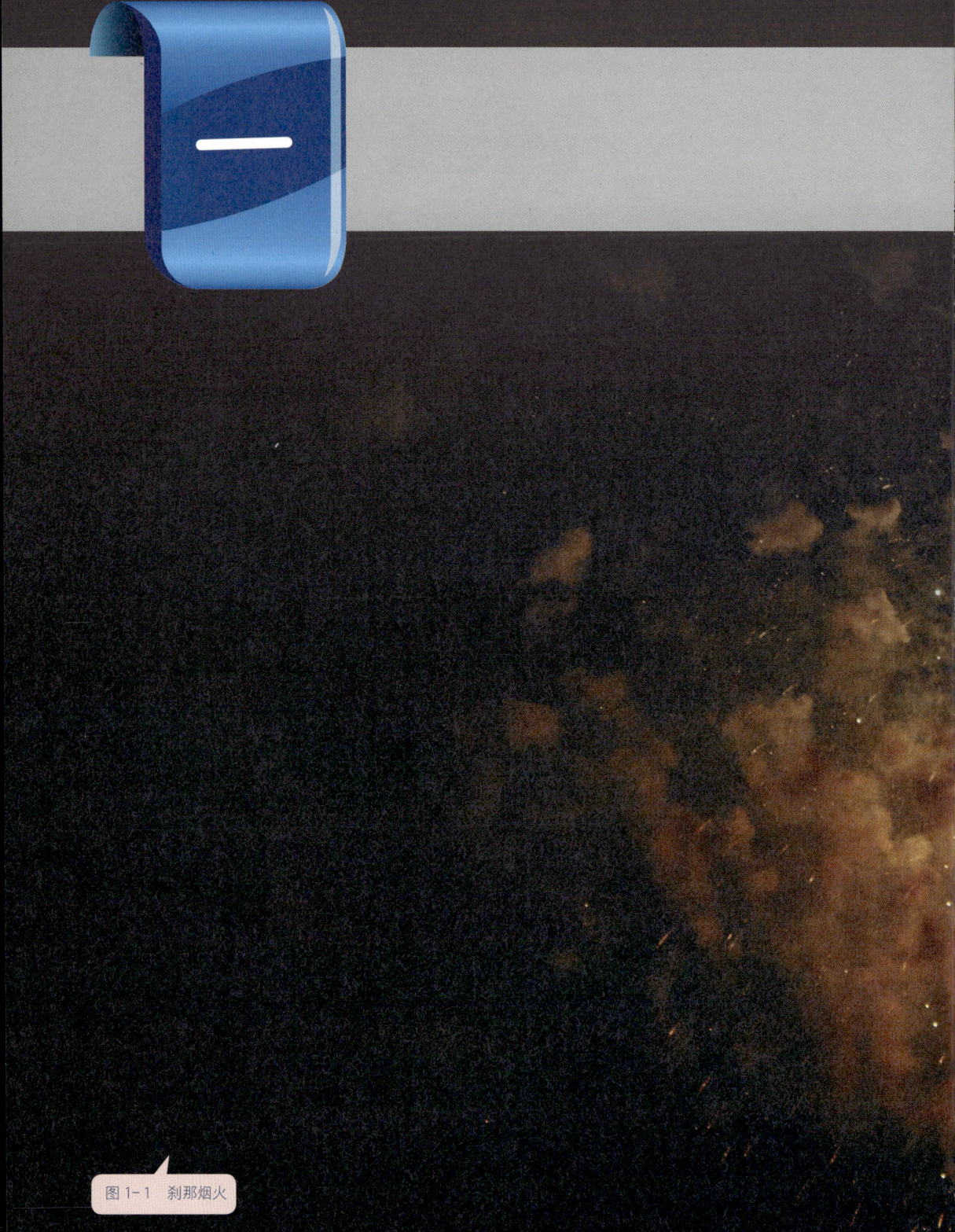

图 1-1　刹那烟火

追寻智慧的根源
——科学美

> 一粒沙里有一个世界,一朵野花里有一个天堂,
> 把无穷无尽握于手掌,永恒宁非是刹那时光。
> ——英国诗人威廉·布莱克(William Blake)

说到科学，大家最先联想到的是什么呢？是科学家夜以继日地伏案工作？还是那些让我们抓耳挠腮的晦涩的计算题？抑或是书本中各种各样看上去十分复杂的定义和公式呢？不论是什么，这些画面估计很难给我们带来科学的美感。著名天体物理学家霍金说，按柏拉图的看法，美不只是个别事物的特征，它的本质是世间万物的和谐形式，如数学比例，而人们需要通过科学的钻研才能充分认识。因此，真正的美也就是美的"理念"本身，要依赖对真理的探求才能揭示，也只有更纯净的灵魂才能欣赏。他还说："科学能够以简明的方式解释某个现象或不同性状之间的关联，因此科学是美丽的。"科学之中蕴含了极为精练、灵动、深邃、浩瀚、隽永之美，这种真与美的统一使得科学如此与众不同，妙不可言，成为许多科学家勇攀科学高峰的重要原动力。

阅读本书时，大家不必端坐桌前，手拿钢笔和草稿纸，好像随时准备投入"战斗"的样子。你们可以选择任何喜欢的地方，在那里静静地享受美妙的阅读时光，在科学之美的海洋中徜徉。

图 1-2 毕达哥拉斯树

1. 什么是科学美

科学，英文写作science，它源于拉丁文scientia，原为"学问""知识"的意思。在中国，则为"格致之学"，国外物理学最早翻译到我国之时即为"格致"，意为获得知识。经由中西方学者的不懈探索，逐步形成现代科学的含义。按照马克思主义的观点，科学是"一个有组织的和系统性的知识体"，"但是科学也是一种活动，一种持续不断的探索过程"。从这个意义上来看，科学不仅指人类所掌握的知识体系，还包括这一知识体系的形成过程与方法。科学自先哲大贤的疑问中产生，如：生命从何而来？生命怎样得以延续？我们居住的星球何以形成？……科学家们在这些领域不断深耕。追寻科学的道路常常布满荆棘，但科学家们从不畏惧，指引他们的不仅是求真的精神，更是求美的执着。科学美是美的一种高级形式，是对自然和谐之美的映射，它是指科学结构所反映的客观世界（自然界）的简洁性、有序性、精致性和系统性，表现了各部分之间以及各部分与整体之间的和谐、均衡和统一。具体而言，科学之美首先给予观赏者的是一种直觉上的美，如化学反应的颜色之美、物理结构的对称之美、生

图1-3 采蜜与授粉

命演化的奥妙之美等等。其次，科学之美还体现在它的和谐与统一。著名科学家理查德·费曼讲过一个关于花的故事，他有一位艺术家朋友，在谈及欣赏一朵花的美时，这位朋友认为只有艺术家才能体会到花的美丽，而科学家要对花进行解剖和研究，从而破坏了花朵的美丽。费曼回应说："我可以欣赏一朵花的美。同时，我可以看到更多我的艺术家朋友所看不见的。我可以想象在花朵细胞中发生的复杂变化也是美丽的……进化过程中，花朵用颜色吸引昆虫授粉很有意思，这说明昆虫是可以看到颜色的。这就引出了一个问题：低等动物是否也有审美能力？为什么会有审美能力？对所有这些有趣的问题，科学知识仅仅是增加了一朵花带给我的兴奋、好奇和敬畏。"科学的美与其他领域的美一样，具有迷人的魅力，科学之美与它们相互辉映。

科学之美是大自然和科学家联袂送给我们的礼物。这个礼物有什么样的特点呢？

（1）以符号、公式、实验和定律为表现形式

科学家们通过符号、公式、实验和定律解释身边的自然现象，发现自然规律。科学美则蕴含在符号、公式、实验和定律中。符号是代表某种事物、表达某种意义的标记或记号；公式是用符号表示的各个量之间的关系；实验是认识自然现象、自然规律的一种方法；定律是客观规律的统称，是解开宇宙奥秘的钥匙。

如毕达哥拉斯用数字将构成直角三角形的条件表达出来，形成了毕达哥拉斯定理，将生活中数量极多、造型各异的直角三角形统一为一个简洁有力的判定公式。还有许多伟大的科学发现都是以符号和公式向人们展示世间万象背后的神秘：数学的欧拉公式（$e^{i\pi}+1=0$），物理学的质能方程（$E=mc^2$），化学的元素周期表，生物学的DNA双螺旋结构……这些科学规律都是科学家们理性思考的结果，它们经历了无数实践的考验，历久弥新。

（2）具有新颖、奇特、大胆的想象

科学理论承载着人类关于自然界和人类社会的新知识，它的产生往往起始于科学家的想象。想象力是科学美的第一准则，大哲学家康德认为，"美是理解力和想象力自由和谐的统一"。艺术来源于艺术家的想象，而科学研究的过程中常见猜想、假说、模型、理论，乃至对这些前期收获的艰难证明都需要丰富的想象力。十八世纪瑞典博物学家林奈根据观察得到了大量关于生物性状的资料，却没能据此得出进化论。而达尔文在考察了生物性状与环境的关系后，突破西方传统观念中上帝造人的束缚，大胆地提出了进化论思想，用"大胆假设，小心求证"的精神为科学美的世界增添了浓墨重彩的一笔。

> 艺术与科学是探索求真的两种方式，它们由相似的冲动所驱动，并且能唤起同样的惊奇、兴奋与舒适。
> ——戴维·欧瑞尔

图1-4 达尔文与进化论

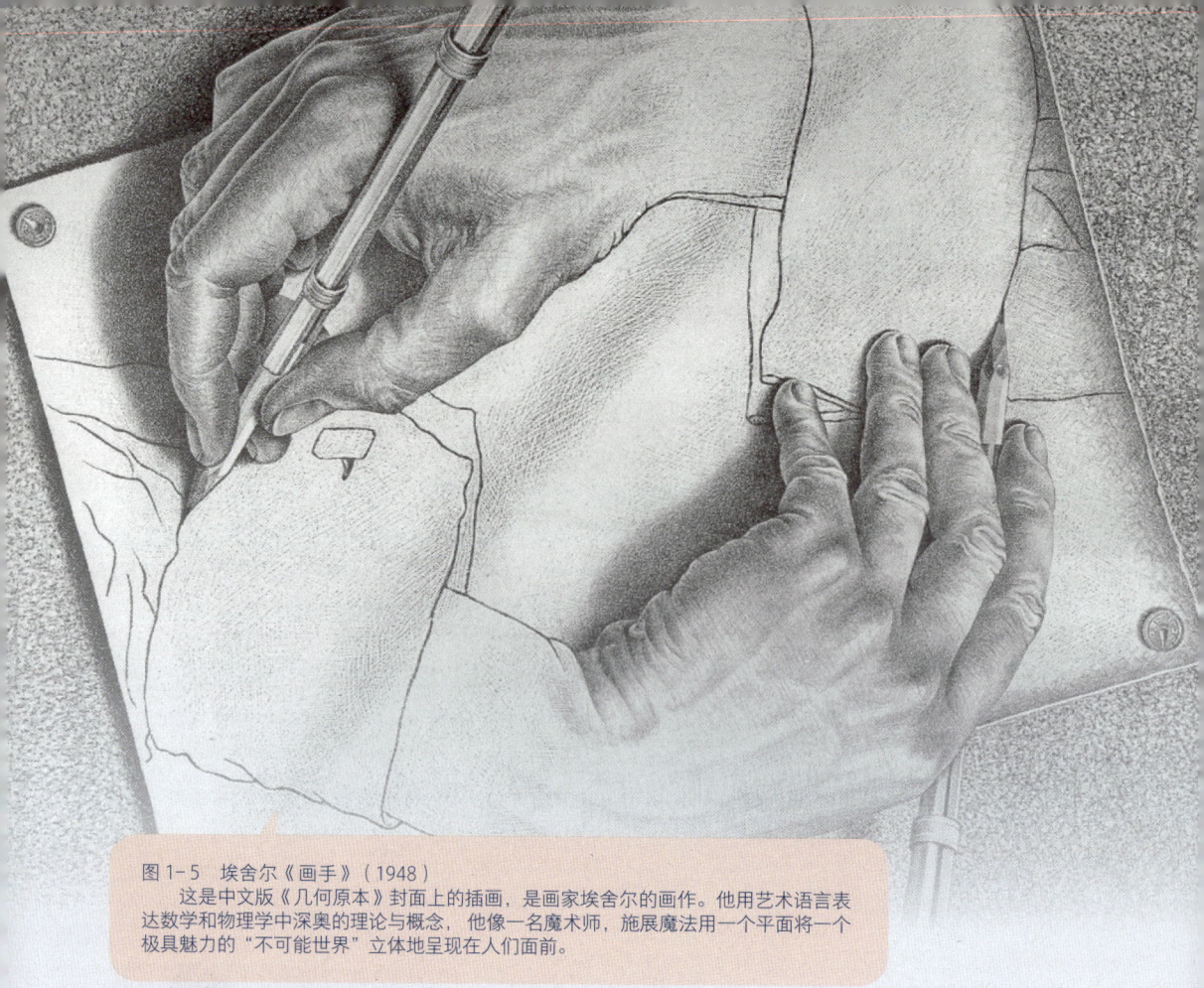

图1-5 埃舍尔《画手》（1948）
　　这是中文版《几何原本》封面上的插画，是画家埃舍尔的画作。他用艺术语言表达数学和物理学中深奥的理论与概念，他像一名魔术师，施展魔法用一个平面将一个极具魅力的"不可能世界"立体地呈现在人们面前。

（3）具有高度抽象、简洁明了的特征

　　爱因斯坦主张美的本质就是简单性。用最简单的道理来解释自然，是人类好奇心决定的——我们好奇的就是事物背后的法则。而自然规律本身，应当是简单的。简单性是科学的符号、公式、实验、定律在形式上的简洁、不累赘，但其背后又拥有丰富的内涵，既能推演出其他理论体系，又能演绎出各种丰富多彩的自然现象。欧几里得仅仅从几条公式和定义出发，就演绎出了整个几何学的体系，这就是科学家运用智慧进行创造性工作的成果，在如此简单的理论之下蕴含着极其丰富的宝藏，让人们不由得产生敬佩之意、欣赏之情。审美的快感和愉悦感便由此产生。

（4）多运用对称性与对称思维

只要留心观察生活，你就会发现对称之美无处不在。一是事物的形象所表现出来的对称形式。冬日的早晨，你看到漫天飞舞的雪花，一朵朵落下，如欢快的精灵，在琴键上嬉戏跳跃，奏响冬日的舞曲。紧接着，你走出家门，走进它们的世界，你伸出袖子接住这些舞动的小精灵。仔细观察，你会发现它们就是绝美的对称体啊！

图 1-6　显微镜下的雪花
　　显微镜下雪花呈现不同形态，虽然它们在细节上千姿百态，但无一例外都展现了对称美。

二是科学领域中大量存在的对称思维。它不仅表现在科学家所创造的公式、定律上，更成为科学家探索真理过程中所依据的重要美学准则。科学领域的对称观念可追溯至古希腊时期，当时人们认为对称是美的最高标准。天文学家约翰尼斯·开普勒正是在这种观念的影响下，开始构建宇宙运行模型。他用当时人们已经认识到的 5 个最对称的正多面体和 6 颗行星构建行星运行的轨道。虽然开普勒关于正多面体的设想存在偏误，但这仍然是一次创举，他一直沿着这一美学思路，最终发现了不朽的"行星运动三大规律"。

图 1-7　5 种规则的正多面体
经欧几里得几何学证明，只有 5 种正多面体，分别是正四面体、正六面体、正八面体、正十二面体、正二十面体。

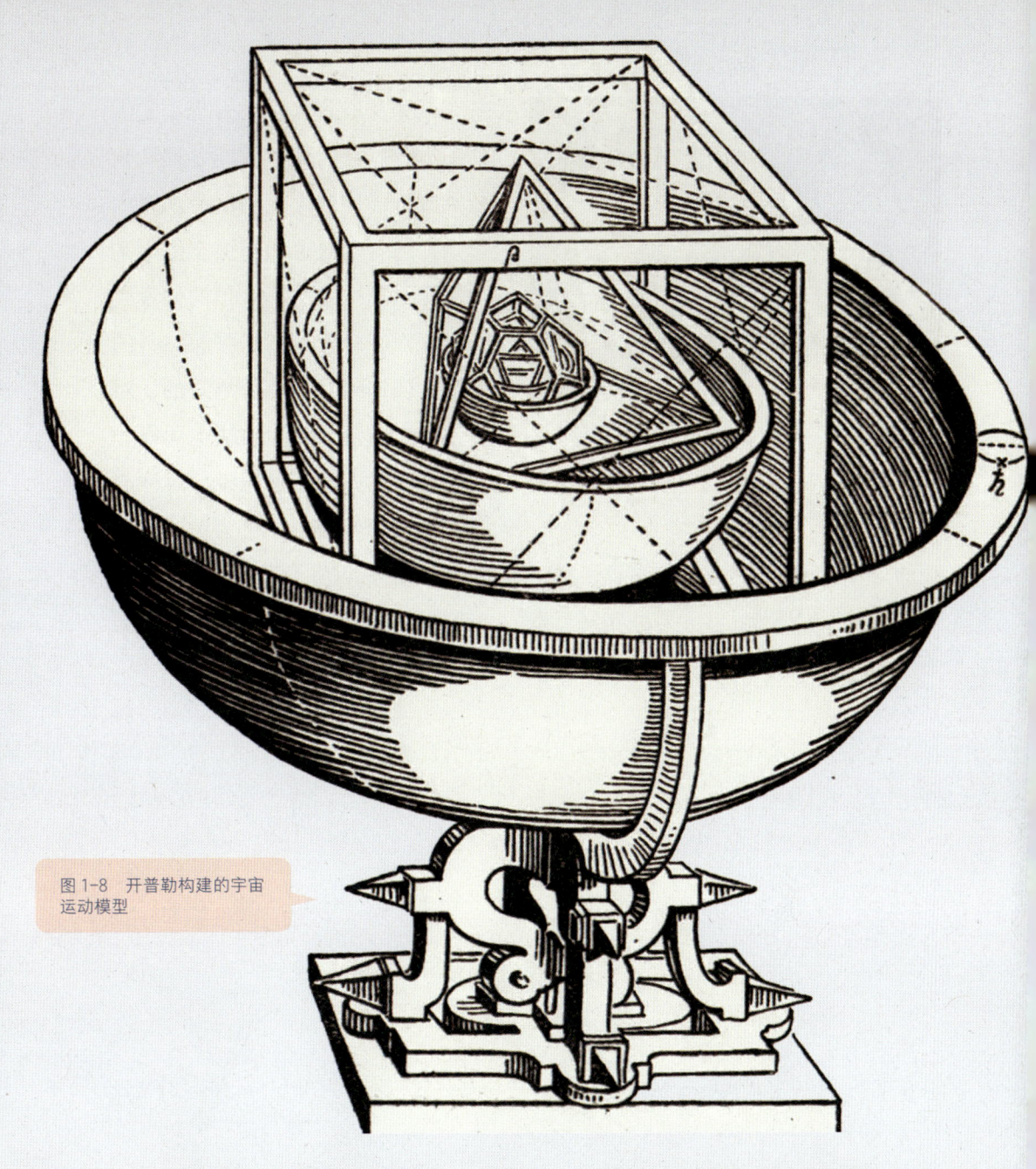

图1-8 开普勒构建的宇宙运动模型

开普勒用五种正多面体解释行星的运动，图中圆球为开普勒设想的行星，从外到内依次为：土星——正六面体——木星——正四面体——火星——正十二面体——地球轨道——正二十面体——金星——正八面体——水星——太阳。

一　追寻智慧的根源——科学美　011

图1-9 李政道（左）和杨振宁（右）
　　他们之间的合作曾被认为是普林斯顿高级研究所一道美丽的风景线。

后来又有许多伟大方程（麦克斯韦方程、爱因斯坦质能方程和狄拉克方程）的产生受到这一观念的影响。随着李政道和杨振宁提出了弱作用过程中宇称不守恒的假设，科学家对"对称"有了更深一步的认识，认识到对称不是绝对的，对称性固然重要，对称破缺也同样非常重要。正如李政道所说，对称与不对称的巧妙组合才更为美观，单纯的对称有时会过分单调，可以说科学家对对称美的认识有了进一步的升华。科学家的探索还未止步，近些年又产生了"超对称""超引力""超弦"等新概念，对一些对称观念进行了修正或补充。

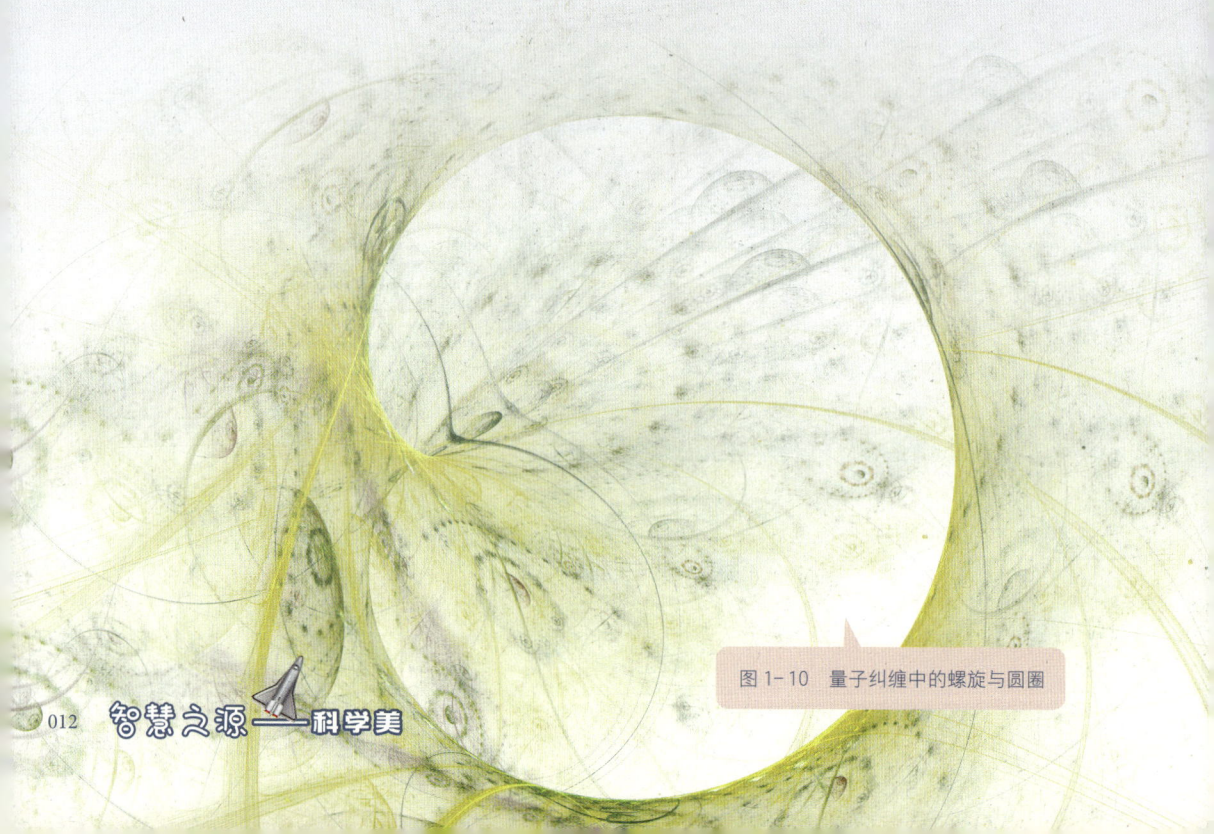

图1-10 量子纠缠中的螺旋与圆圈

2. 科学美的分类

科学美可以从现象之美、理论之美和理论结构之美三个层次论述。

现象之美是事物外在的和谐特征，自然界的现象之美无处不在，一般不需要特定的理论知识就可以体验到。比如，晴朗的夜晚，我们仰望夜空便可以看到星星散落在苍穹之上；又如雨后最美的景观虹与霓七彩之桥横贯天际。

图 1-11 自然界中的虹与霓

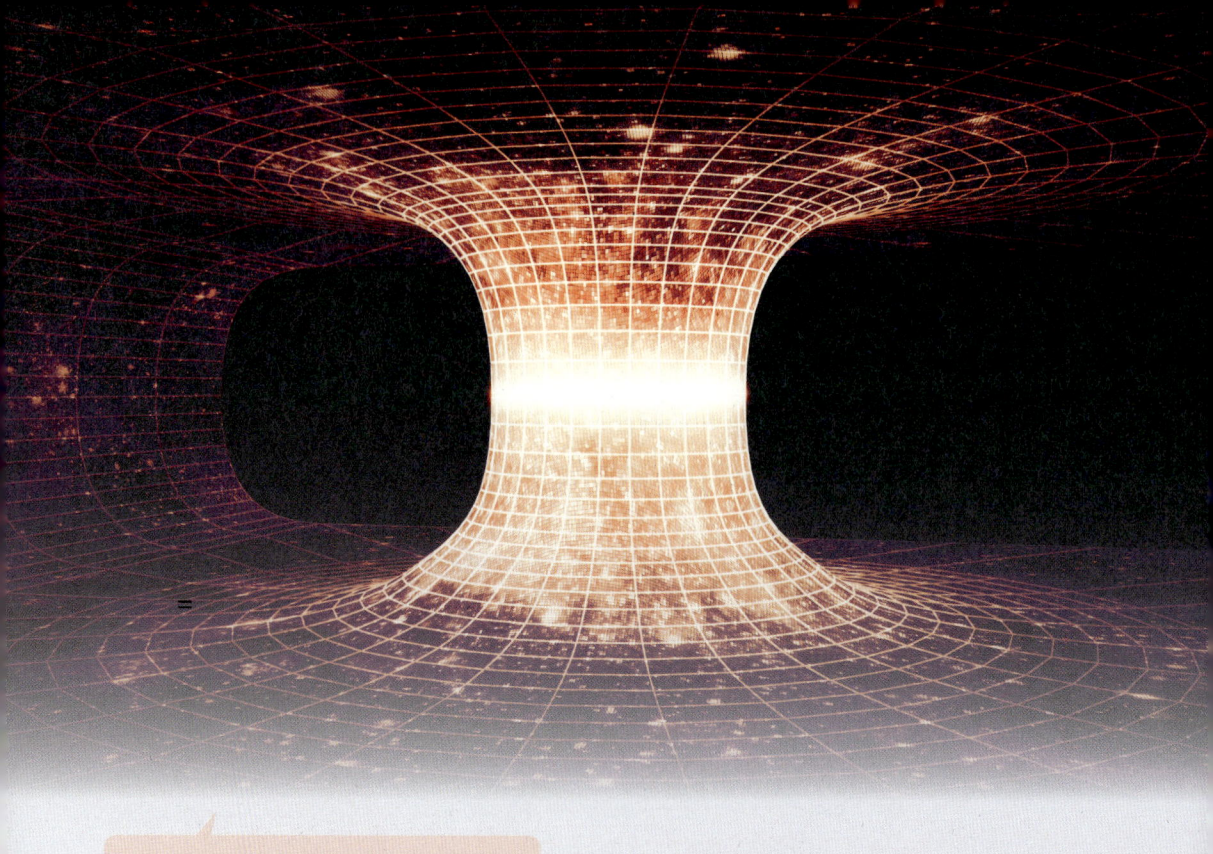

图 1-12　依靠理论与想象绘制的时空弯曲模型

　　理论之美是理论以其简明、精准的方式揭示出自然界的简洁性、有序性、精致性和系统性，让人们在了解自然规律时体验到科学的魅力，从而带来精神上的愉悦。开普勒运用归纳、演绎、比较、推理、假说等科学方法，在丰富的天文观测资料的基础上，获得了展现宇宙和谐美的行星运动三大定律。他没有离开地球一步，却将地球之外行星的运动表现在一张纸上，这就是人类智慧的成果，怎能不让人为之惊叹，为之倾倒呢？！

　　理论结构之美是指理论除了能精准地揭示自然规律外，还有一个简洁的结构，这种结构更多地表现为数学结构。如天然气燃烧的过程可以描述为"$CH_4 + 2O_2 \stackrel{\triangle}{=} CO_2\uparrow + 2H_2O$"；完全不同质地形态的金刚石、木炭却由同样的元素 C 构成；复杂的质量与能量转化过程可以表达为简单的质能公式"$E=mc^2$"等。科学理论通过符号将人类发现的自然规律表达出来，更易于记录、运算和学习，是人类智慧独有的审美创造。

3. 如何欣赏科学美

大自然的和谐和秩序深深融入到科学的现象之美、理论之美和理论结构之美中。

科学的现象之美最易感知，草长莺飞、日出日落……这些现象总能给人带去别样的视觉冲击和愉悦的审美体验。不需要太多思考和分析，只要你留心观察，从不同角度、不同时间用心感受这些现象即可。

要体验到科学的理论之美和理论结构之美，不仅要有渴望美、欣赏美的激情，还要有一种透视内涵、勇于探索的能力，即对自然规律的直觉判断能力和探索思考能力。英国哲学家赫伯特·斯宾塞说，一滴水对普通人来说不过是一个水滴而已，可是物理学家了解它里面所包含的分子数以亿万计，隐藏在其间的能量释放出来犹如闪电惊雷。一块石头上平行的刻痕虽然会激起人们的遐思冥想，但大家也许并不了解这是百万年以前冰川剥蚀的遗迹。一个从未从事过科学研究的人，永远难以了解他所生活的环境里处处存在着奇丽风景以及诗一般的节奏和韵律。

图 1-13　球形的水滴

图 1-14 密立根

想要完全走进科学美的世界，我们首先应该培养良好的审美习惯，能够发掘和欣赏身边的美。罗丹在《艺术论》中说过：所谓大师就是这样的人，他们用自己的眼睛去看别人见过的东西，在别人司空见惯的东西上发现美。法国数学家亨利·庞加莱说："如果自然不美，它就不值得去探求。"

在此基础上，我们还需要从发现科学美、欣赏科学美的角度去理解科学理论的基本原理。密立根将自己探测到的宇宙射线称为"天堂的音乐""原子降世时的啼声"。达尔文把他所看到的热带植物描绘成永远留在人们心中的"一幅虽不清晰却无限美丽的图像"。我们在学习科学知识的过程中也要学会从美的角度去欣赏科学理论，加深对科学美的感受。

图 1-15 通过宇宙射线看到的星空

4. 审美表现与创造

训练一：

科学给艺术的灵感

科学和艺术运用不同的方式对自然进行解读，它们之间绝不是彼此"绝缘"的系统，而是可以互相补充、互相激发的。毕达哥拉斯定理组合的"毕达哥拉斯树"成为弗兰德艺术家 Jos de Mey 的创作主题。

看，艺术家们用绘画表达了数学探索的成果。在乐器中，我们也能发现科学之美，通过后文制作排箫的实践操作，相信创造力丰富的你对自己的排箫作品也有不同的理解，赶快用艺术的方式记录你的成果吧！你可以用诗歌、散文表达排箫背后的科学原理，也可以用绘画形象地将这个原理表达出来。

图 1-16 各种形态的毕达哥拉斯树

图 1-17 艺术家眼中的毕达哥拉斯树
弗兰德艺术家 Jos de Mey 以毕达哥拉斯树为主题创作了许多画作，表现出绝妙的构思和空间结构。

一 追寻智慧的根源——科学美

训练二：

排箫中的科学

通过科学原理重新认识我们的生活也是我们进行科学探索的一种方式。山西某小学进行了一场别开生面的科学探索课程，他们运用声音产生的原理，利用身边的材料制作出了我国的传统乐器——排箫。接下来，就让我们一起来看看他们的探索历程。

图1-18 排箫

图1-19 制作排箫

我们知道声音是由物体振动产生的，振动的快慢不同，音调的高低就不同。接下来，赶紧开启科学探索之旅吧，让我们一起来参与制作排箫，发现声音的奥秘，体验科学创造的乐趣。

① 材料准备

透明胶、塑料吸管若干、卡纸、剪刀、双面胶或胶水。

② 排箫制作

（1）准备透明胶、吸管和卡纸等材料；
（2）把吸管剪成不同长度；
（3）用透明胶封住吸管底部；
（4）把吸管按照从长到短的顺序粘贴在卡纸上。

③ 小小演奏家

你的排箫做好了吗？快把你的小乐器用起来，为你的家人、老师、同学、朋友演奏一曲。生活中处处体现科学原理，也处处体现科学美，请大家继续在生活中观察美、发现美、创造美。

二

图 2-1　海滩上的鹦鹉螺贝壳

数乃万物的本原
——数学之美

图 2-2 黄金螺旋线

1. 什么是数学之美

　　当你徜徉在文学的海洋里，品味着诗情画意的篇章时，你会为每一个饱含深情的字眼而着迷；当你陶醉于美妙的乐曲中，聆听着那跌宕起伏的旋律时，你会为每一个欢呼雀跃的音符而心潮涌动；当你沉浸于精妙绝伦的画作中，欣赏着那栩栩如生的江山时，你会为那一笔笔跃动的色彩而欢呼……这是艺术带给我们的美，一种愉悦的身心感受。那数学呢？

　　自古以来，数学就以其高度的抽象性、严密的逻辑性令许多人望而生畏。提起数学，很多人的第一反应就是复杂的计算、无尽的逻辑推演以及如天书般的公式和符号，让我们对数学充满了恐惧。但是全世界的中小学似乎达成了一致，数学是一门极为重要的基础课程。学习数学真的只是为了完成任务、获得分数吗？数学真的是冰冷、枯燥、乏味的吗？其实，并非如此。

图 2-3　复杂的数学

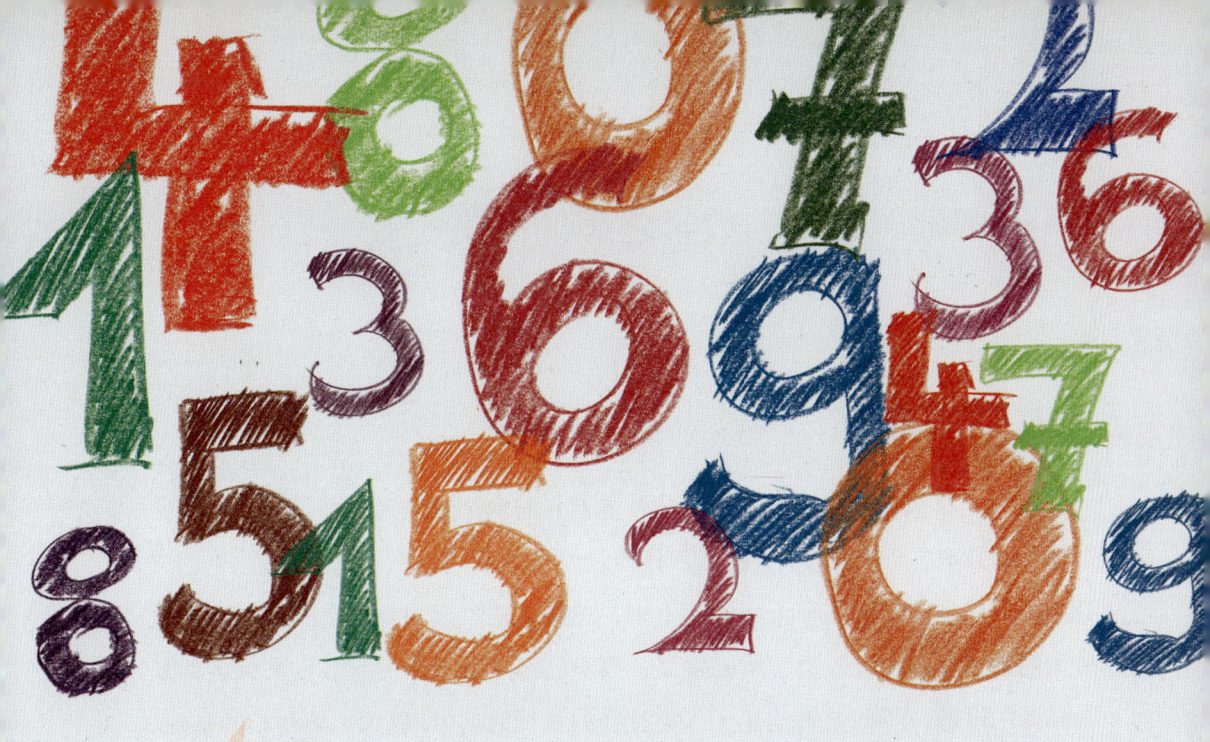

图 2-4 数字画

数学是理性思维与想象的结合，具有高度的抽象性和严密的逻辑性。数学不像色彩缤纷的鲜花、栩栩如生的绘画、扣人心弦的音乐一样让人可以直接真切地感受到它的美。有人说数学就像是思维的艺术体操，进行数学思维的过程就如同一场无声的交响乐。数学的符号、公式、定理就如同体操的一个个分解动作，如同交响乐中的一串串音符。

数学通过数学符号、公式、定律等展现出来的统一性、对称性、简洁性、奇异性来引起审美主体愉悦的情感体验。正如德国著名数学家克莱因所说，音乐能激发和抚慰情怀，绘画使人赏心悦目，诗歌能动人心弦，哲学使人获得智慧，科技可以改善生活，但是数学可以让人获得一切。

数学中的美千姿百态、丰富多彩，从各式各样的符号、图形到严谨的推理、证明，无不给人以"痛并快乐着"的思维体验，给人以惊奇之感！

二 数乃万物的本原——数学之美

2. 数学之美的欣赏

数字的奥妙

据说，很久以前一个部落选酋长，老酋长对两个竞争者说："你们各说一个最大的数吧，谁说的数大，那么新任酋长就是谁。"其中一个张口说："三。"另一个人抓耳挠腮想了半天回答不上来，只好认输。因为在那个时候，三就是最大的数了。但随着人类智慧的发展，数学已经从最简单的计数发展到各种复杂高深的定理、运算，并被运用于人类社会的各种活动中，成为一切科学的基础。

数学一开始就是为了计数而存在的，每一个数都有着特别的含义。我们习以为常地认为：雪花有 6 个角；兔子有 4 条腿；人有 2 只眼睛、1 个嘴巴、2 只手……这些数是如何产生意义的呢？我们是如何接受这种意义并将其运用到认识世界、改造世界的活动中去呢？

图 2-5　数字与时钟

"1"渗透在所有的事物中。古人认为，"一"不仅是数的开始，是万物之始，而且是生成万物的元素，是世界的本源。因此中国古代哲学对"一"推崇备至。老子是中国古代最早用数来认识和阐释宇宙起源的先哲之一，在《老子》第四十九章中，"道生一，一生二，二生三，三生万物"，比较典型地反映了万物之本生于"一"的观点。"它无处不在，无物不有；这就如同太阳发出的光，像和缓的雨，'一'的爱是绝对的，尽管它的崇高和神秘依旧蒙着面纱。"

图2-6 星空

"2"是两面性。比如每一个硬币都有着两个面。"二"是对比的基础，形成我们认识世界的基础方法。《易经》中说"太极生两仪"，两仪是阴气与阳气的合称，指事物普遍存在的相互对立的两种属性，阴阳相反相成是事物发生、发展、变化的规律和根源。于是，我们有很多对纯对立的事物：左和右，前与后，正与反，阴和阳，又衍生出静止与运动、男人与女人、白天与黑夜、电子的正负电荷、电磁的阳极与阴极，等等。

图2-7 太极

二 数乃万物的本原——数学之美

图2-8 三角形构成的色块图案

"3"是最稳定的数字。它通常以三角形的稳定性而出名，椅子最少需要三条腿，四边形的家具往往要在角上加一根斜木使其不易变形。"三"代表着很多重要事物，比如"过去、现在和将来""出生、生存和死亡"。在中国古代的哲学中，"三"又代表着"天、地、人"三才，"卦"，是《周易》中象征自然现象和人事变化的一系列符号，以阳爻、阴爻相配合而成，三个爻组成一个卦。"兼三才而两之"成卦，即这个意思。

"4"是方正的数字。超越3以后，4形成了空间——最简单的立体图形是四面体，也是最稳定的立体图形，就如三角形是最稳定的平面图形一样。"四"是生物的重要计数特征，骏马、羚羊、猎豹有四条腿，故而奔跑速度惊人；一年有春夏秋冬四季，带给人们不同的感受；我们常见的事物基本上都是由四种粒子构成：质子、中子、电子和中微子。中国传统文化中又有"四象"之说，即青龙、白虎、朱雀、玄武，它们又分别代表四方，即东、西、南、北。

图2-9 五行

"5"是一个充满活力的数。小孩子总是本能地画出五角星。五角星经常出现在很多事物中,海星的形状,甚至我们将手臂和腿伸展开与脑袋一起,也大致构成了五角星的样子。而五行,更是中国文化的重要代表。何谓五行,《尚书·洪范》解释说:"一曰水,二曰火,三曰木,四曰金,五曰土。"今怀疑《洪范》出于战国末期,以邹衍为代表的阴阳家们把五行与阴阳、日月星辰、乾坤八卦结合起来,进一步发展为五行学说,渗透于天文、历法、医学等各个领域,盛行于汉世,从此五行才神秘地流行起来。

那么数字7,8,9,0又分别代表着什么?有什么含义呢?

神奇的完美数

"6"是第一个完美数。何为完美数?看下面几个数字:

6　28　496　8 128　33 550 336

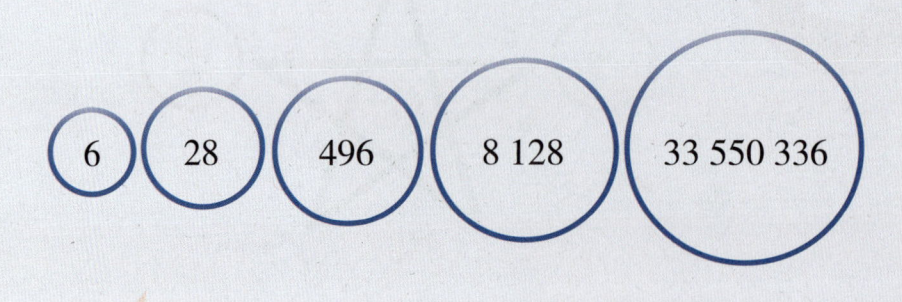

图2-10　完美数

这里所列举的6,28,496,8 128,33 550 336都有一个共同的特点,它们恰好等于除了自身以外所有真约数之和。

例如:

$6 = 1 + 2 + 3$

$28 = 1 + 2 + 4 + 7 + 14$

$496 = 1 + 2 + 4 + 8 + 16 + 31 + 62 + 124 + 248$

多么奇妙的巧合!这三个等式表明,如果一个正整数等于除它自身以外的所有真约数之和,则这个数叫完美数。完美数还有一些奇异的规律,如完美数的所有真约数的倒数之和都等于2。

例如:

第一个完美数6,

$\frac{1}{1} + \frac{1}{2} + \frac{1}{3} + \frac{1}{6} = 2$;

第二个完美数28,

$\frac{1}{1} + \frac{1}{2} + \frac{1}{4} + \frac{1}{7} + \frac{1}{14} + \frac{1}{28} = 2$;

第三个完美数496,

$\frac{1}{1} + \frac{1}{2} + \frac{1}{4} + \frac{1}{8} + \frac{1}{16} + \frac{1}{31} + \frac{1}{62} + \frac{1}{124} + \frac{1}{248} + \frac{1}{496} = 2$。

另外，完美数都是以 6 或者 8 结尾的数，如果以 8 结尾，那么肯定是以 28 结尾的。目前科学家仍未发现以其他数字结尾的完美数。实际上，完美数的研究早在公元前 6 世纪就开始了。毕达哥拉斯曾经说："6 象征着完满的婚姻以及健康和美丽，因为它的部分是完整的，并且其和等于自身。"圣奥古斯丁认为 6 这个数本身就是完美的，因为上帝在 6 天之内把一切事物都造好了。6 还体现在很多地方：雪花大多是六角形的；石英、石墨的分子结构是六边形的；蜜蜂凭借本能筑造的蜂巢是六边形的。

图 2-12　毕达哥拉斯 古希腊数学家、哲学家

6 和 28 这样的完美数也在中国历史长河中反复出现，"六六大顺"的意义早已深入人心。天上四方的二十八星宿代表着古人对星空的观察和思考。数有无穷多个，但完美数极为稀少。毕达哥拉斯学派尼可马修斯在《数论》中写道："美的、卓绝的东西是罕有的，是容易计数的，而丑的、坏的东西却滋蔓不已。"笛卡儿也曾预言：完美数不会太多，寻找完美数并不是一件容易的事情。经过诸多数学家的努力，到 2018 年为止，一共找到 51 个完美数。它们每一个都有着自己的规律，给人一种奇妙的体验。

图 2-11　数字云

无处不在的神秘法则——黄金分割

平面几何是研究平面上的直线和某些特定曲线的几何结构及其度量性质。线是平面几何最基础的元素之一，欧氏几何五大公理中就有三条与线有关。黄金分割在公元前6世纪被古希腊数学家毕达哥拉斯发现，最早就是在线条长度上呈现出的数量关系。

相传，2 600多年前，伟大的哲学家毕达哥拉斯在路过铁匠铺时，被清脆悦耳的打铁声吸引，凭直觉认定这声音有"秘密"！走进铺里，他仔细测量了铁砧和铁锤的比例近似值是0.618。后来古希腊柏拉图将这一比例称为黄金分割，即把一条线段AC分为AB和BC两部分，此时短段AB与长段BC长度之比恰好等于长段BC与整条线段AC之比，其比值为无限不循环小数0.618 033 988……这个数叫作黄金分割数。而它的近似值为0.618，其倒数又近似为1.618。

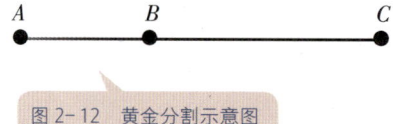

图 2-12　黄金分割示意图

更令人更惊奇的是，四千多年前的古埃及就似乎已经在应用这一规律了！胡夫金字塔塔高146米，底部正方形边长232米，两者关系为"146÷232≈0.629"，竟与两千年后千里之外发现的黄金分割比相差无几。毕达哥拉斯还反复验证了"黄金"长方形的存在（长方形的长和宽之比为1.618）。

> 几何学里有两件宝，一是勾股定理，另一个是黄金分割。如果把勾股定理比作黄金矿的话，那么黄金分割就是钻石矿。
>
> ——17世纪著名天文学家　开普勒

图 2-13　埃及胡夫金字塔

图 2-14 古希腊帕特农神庙

两千多年前,古希腊在雅典城南部修建了帕特农神庙,其正立面的长与宽之比恰为黄金分割比。而且,它的柱径、柱高与间距等也都呈现出黄金分割的完美样态,长与宽的比例大体上皆为 3∶5,这种严格的比例关系不仅体现了精确的技术要求,而且体现了希腊人以追求和谐为目的的审美理想。

人体也是世界上最美的物体之一。人体有 18 个黄金点,如脐为头顶至脚底之分割点,喉结为头顶至脐之分割点,肘关节是手指到肩部的黄金分割点,等等。

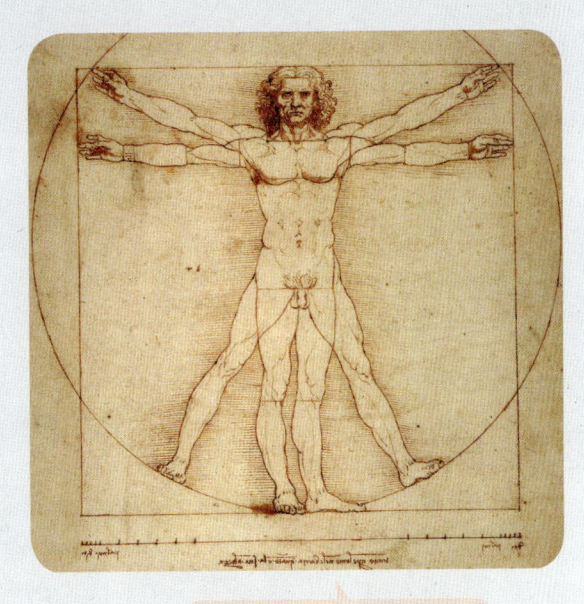

图 2-15 达芬奇手稿 维鲁特人

二 数乃万物的本原——数学之美 031

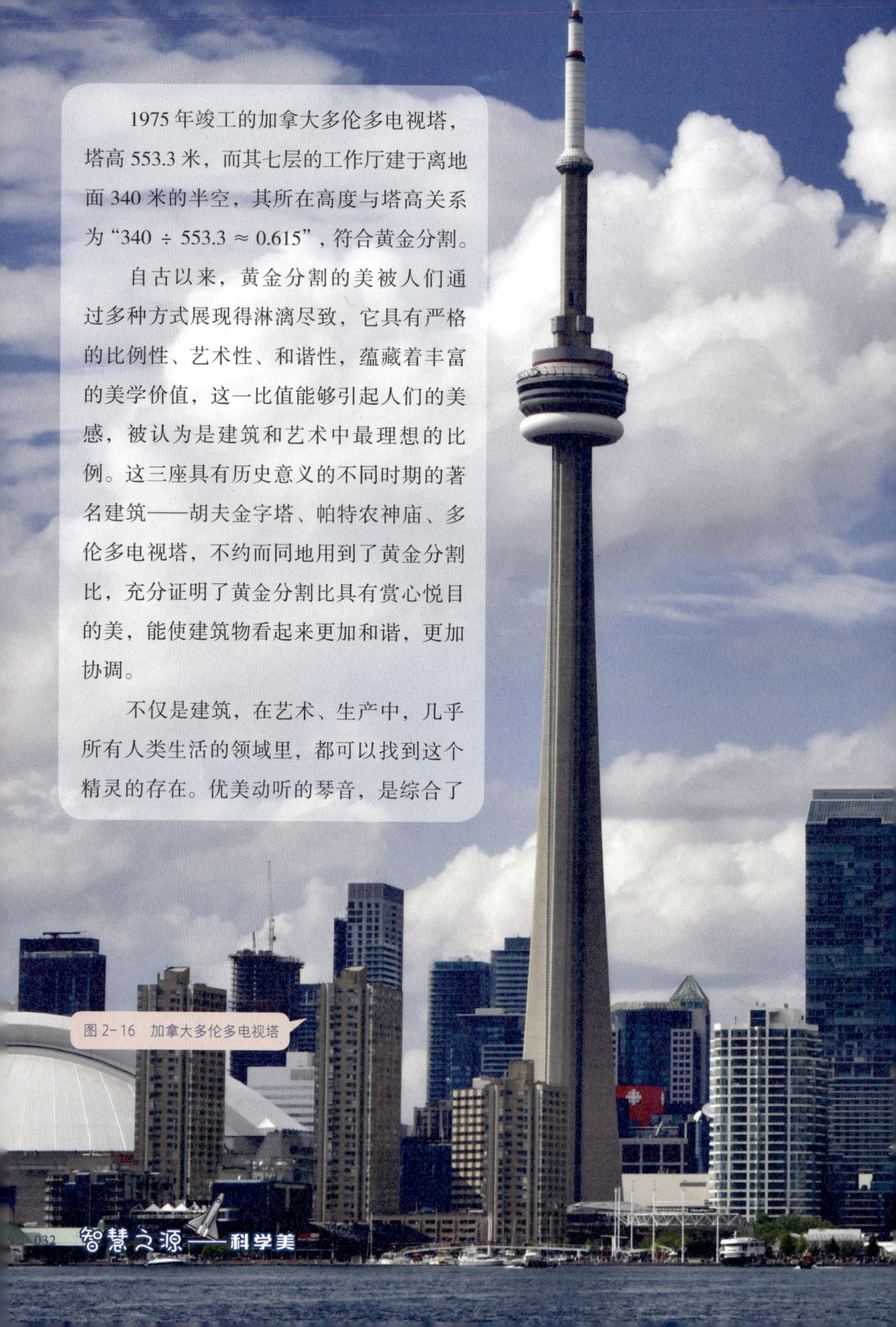

1975年竣工的加拿大多伦多电视塔，塔高553.3米，而其七层的工作厅建于离地面340米的半空，其所在高度与塔高关系为"340÷553.3≈0.615"，符合黄金分割。

　　自古以来，黄金分割的美被人们通过多种方式展现得淋漓尽致，它具有严格的比例性、艺术性、和谐性，蕴藏着丰富的美学价值，这一比值能够引起人们的美感，被认为是建筑和艺术中最理想的比例。这三座具有历史意义的不同时期的著名建筑——胡夫金字塔、帕特农神庙、多伦多电视塔，不约而同地用到了黄金分割比，充分证明了黄金分割比具有赏心悦目的美，能使建筑物看起来更加和谐，更加协调。

　　不仅是建筑，在艺术、生产中，几乎所有人类生活的领域里，都可以找到这个精灵的存在。优美动听的琴音，是综合了

图 2-16　加拿大多伦多电视塔

各种条件而得来的。贝多芬、莫扎特、巴赫、巴托克、德彪西、舒伯特等在他们的音乐里流淌着黄金分割的完美和谐。乐章、节中、乐曲中的大小高潮大都处在乐曲5∶8的比例点上。日常休闲中，舞台报幕员在舞台上的最佳站位是在舞台宽度的0.618之处，我们所看的高清晰度电视的屏幕长宽比多设计成16∶9。

更有趣的是，黄金分割比还能运用在生产上，成为寻求最优化方法的重要参考。1953年，美国的基弗提出"0.618法"，即怎样才能使产量最高、质量最好、消耗最少。如果将实验点定在区间的0.618左右，那么实验的次数将大大减少。实验统计表明，对于一个因素问题，用"0.618法"做16次实验，就可以取得"对分法"做2 500次实验所达的效果，这种方法由数学家华罗庚在我国推广应用。

黄金分割的魅力得益于数，而数是万物的本原或原则，同时万物之中都存在着某种可以被人凭借理智加以认识和把握的数量关系。

图 2-17 蕨类植物叶片

大自然的分形几何

来看一下上图这株植物的叶片，我们会惊喜地发现它的部分与整体相似。每个局部都是整体的一个缩影，而整体又能与部分构成完整统一的和谐体。将宇宙中所有形态之美汇聚一体，对称、螺旋、波动、破碎，完美融洽地构成事物的一种样态，即分形。

"分形几何学之父"伯努瓦·芒德布罗依靠自己的几何直觉去研究看似毫无规律可循的事物，他分析过棉花价格的涨落规律、尼罗河水位的变化情况、电话通路中自发噪声的本质以及海岸线的真实长度。在他看来，我们之所以测不准海岸线的真实长度，是因为海岸线就是一个天然的分形，你测量的尺子越精细，得到的长度就会越长，随着放大倍数的增大，海岸线呈现出来的细节也就越多。自然界的规律并不总是通过简化为理想的图形才能被发现，往往复杂性本身也是有规律的。与经典的描绘光

图 2-18 海岸线上的分形

滑、圆润对象的几何学（如欧氏几何学）相反，芒德布罗创造了一种表现斑点、缠绕、破碎对象的几何学。

来看看它的数学表达式：在平面坐标系中，任取一点，如(x, y)，让$C=x+y$，从$a_1=0$开始循环，$a_{n+1}=a_n^2+C$。面对不同的C，只要构成这个数列$\{a_{n+1}=a_n^2+C\}$是有边界的，那么点(x, y)便在芒德布罗集合内。这个以他名字命名的函数集合，用电脑绘制出来就是这样一个复杂的对称图形，被称为"上帝的指纹"。

例如：点$(-1, 0)$，$C=-1+0=-1$
$a_1=0$，
$a_2=a_1^2+(-1)=0^2+(-1)=-1$，
$a_3=a_2^2+(-1)=(-1)^2+(-1)=0$，
$a_4=a_3^2+(-1)=0^2+(-1)=-1$，
$a_5=a_4^2+(-1)=(-1)^2+(-1)=0$，
……

依据归纳推理，当n逐渐增大并趋向于无限大时，a_n始终只有两个取值：-1和0，因此这个点所构成的数列有边界，即点$(-1, 0)$在此集合中。

再如：点$(1, 0)$，$C=1+0=1$
$a_1=0$，
$a_2=a_1^2+1=1^2+1=2$，
$a_3=a_2^2+1=2^2+1=5$，
$a_4=a_3^2+1=5^2+1=26$，
$a_5=a_4^2+1=26^2+1=677$，
……

依据归纳推理，当n逐渐增大并趋向于无限大时，a_n的取值也随之增大，因此这个点所构成的数列没有边界，即点$(1, 0)$不在此集合中。

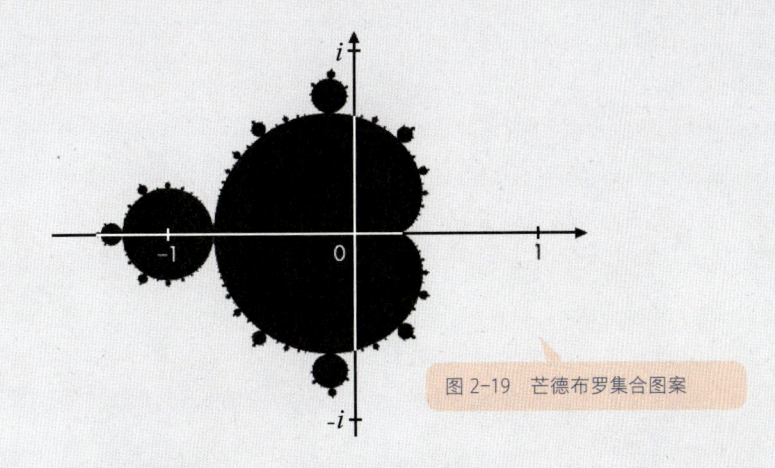

图 2-19 芒德布罗集合图案

图 2-20 用计算机绘制的芒德布罗集合

如果根据这一规则，将平面内所有点都进行验证，就会画出芒德布罗集合图案，将其放大数万甚至百亿倍后仍然会有这样惊奇的图案。

在 2010 年春季的一次演讲中，芒德布罗解释说，"如果你切开一朵花椰菜，会看到一样的花椰菜，只是小一点；如果你不断地切、不断地切，你还会看到一样的花椰菜，只是更小一点"。分形几何阐释了复杂事情也是具有自身规律的，

图 2-21 放大 4 096 倍后

×262144

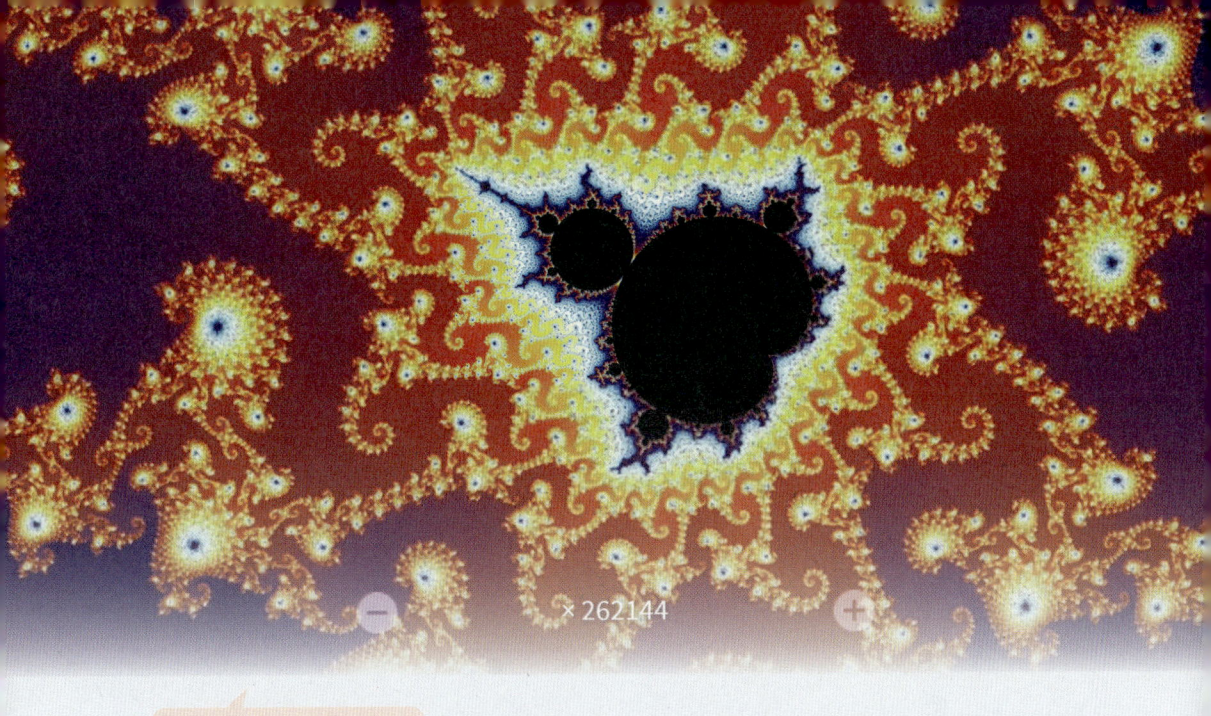

图 2-22 放大 262 144 倍后

不仅展示了数学的简洁与和谐，还改变了人们理解自然奥秘的方式。除了芒德布罗集合，分形几何还有康托尔集、科赫曲线、茹利亚集等不同形态，可以说，分形几何是真正描述大自然的几何学，对它的研究也极大地拓宽了人类的认知领域。

图 2-23 放大 17 179 869 184 倍后

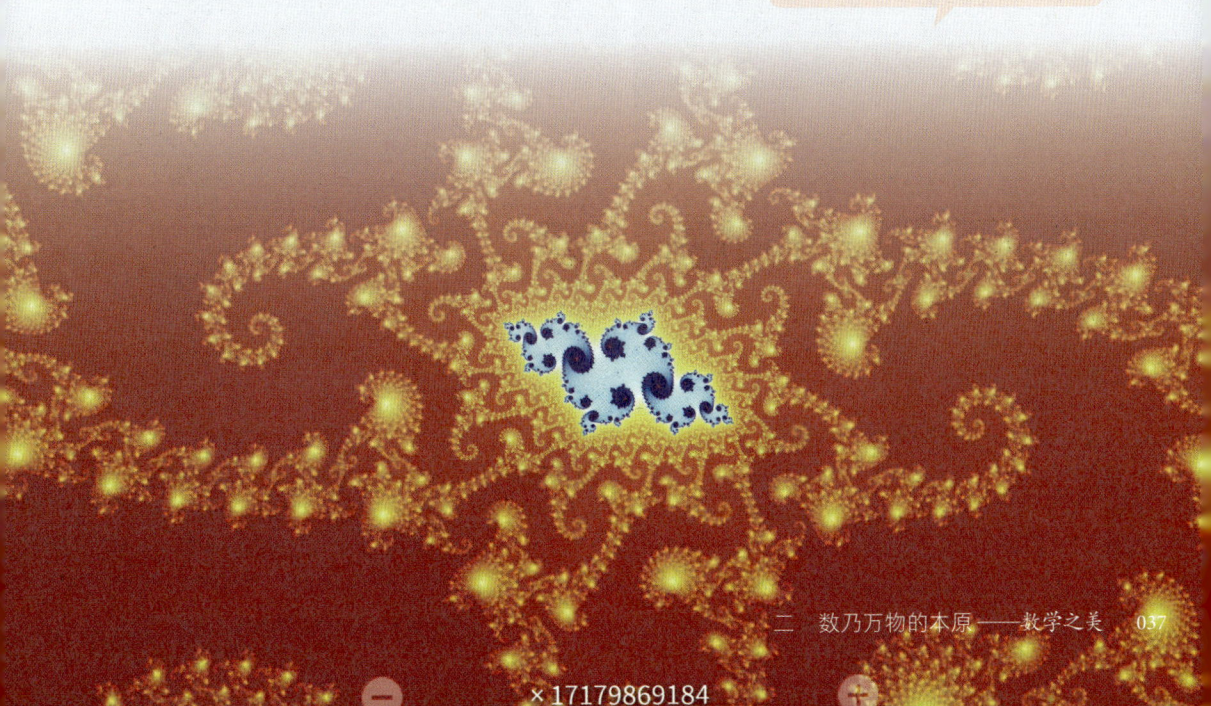

×17179869184

从 20 世纪 80 年代初开始，"分形热"经久不衰。分形作为一种新的概念和方法，正在许多领域开展应用探索。随着电脑技术的兴起，分形被广泛运用到复杂图像的产生和处理、科幻电影中的图像与视频制作、工程学上各类信息接收天线的设计以及各种艺术创作上。美国物理学大师约翰·阿奇博尔德·惠勒说过："今后谁不熟悉分形，谁就不能被称为科学上的文化人。"分形几何学作为当今世界十分风靡和活跃的新理论、新学科，它的出现，使人们重新审视这个世界：世界是非线性的，而分形无处不在。分形几何学不仅让人们感悟到科学与艺术的融合，数学与艺术审美的统一，而且还有其深刻的科学方法论意义。

图 2-24 遍布万物的分形

严谨的数学证明

数学的美还表现在各类定理、公式的证明中，它展现的是数学家们所进行的思维活动。数学家们只有潜心艰苦研究和灵感一闪才能惊喜地感受这种美。由"因为……，所以……"直到"证明完毕"构成的逻辑语言，承载了数学家的智慧和数学的美。

在某些时候，数学证明并非完成现成结论的证伪工作，多是揭示数学内在规律的过程，比如圆周率。

早在公元前1世纪，我国数学古著《周髀算经》就记载有"周三径一"的说法，说明了圆周与直径的关系，木匠制作木桶时可根据这种关系按照木桶底大小计算所需木料的量。魏晋时期的刘徽为了得到更精确的圆周率，发明了一种新的方法——割圆术，通过这种方法来确定两者间的比例。他在一个圆内画出一个正六边形，随后把圆内的多边形越画越多，从正十二边形、正十四边形画到正3072边形，将圆周率精确到3.1416。南北朝时期，祖冲之又运用算筹从正192边形开始一直割圆算到正24576边形，得出圆周率在3.1415926和3.1415927之间，并认为割圆是无穷尽的，圆周率也是无穷尽的。

图2-25 祖冲之

图2-26 数学符号

在古代西方，埃拉托色尼（Eratosthenes）提出公式：圆周长 = 圆直径 × π。然后他的好友阿基米德（Archimedes）从正六边形开始，分别计算了正十二边形、正二十四边形和正四十八边形的周长，推测出 π 的值在 223/71~22/7，最后取它们的平均值 3.14185 为圆周率的近似值。令人庆幸的是，如果一开始阿基米德使用的是正四边形而非正六边形，就只能得到一个误差较大的近似值了。

因此，数学证明需要经过长期艰辛的探索。

圆周长的计算有力地促进了圆面积的计算。阿基米德通过将圆分割成多个扇形，并作适当排列，最后发现，当切割次数足够多时，所拼出的图形越接近于长方形。根据长方形的面积计算公式，可以推导出，圆的面积 = 圆的半径 × 圆周长的一半。

图 2-27　阿基米德

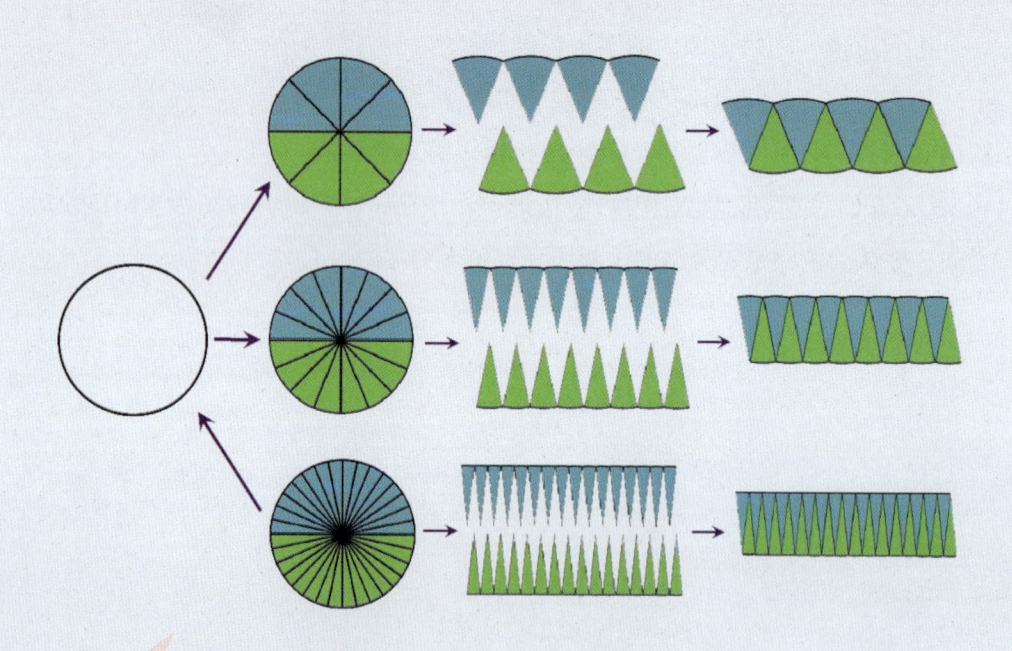

图 2-28　圆的面积公式图解

阿基米德又将球体的体积与圆的面积联系在一起，从二维平面扩展到三维立体中。他将球切割为以球心为定点的圆锥，圆锥的底在球面上，这样球就被切割为无数个以部分球面为底、以球心为顶点的椎体。而圆锥体积公式为"$V = \frac{1}{3} \times$ 底面积 $\times$ 高"。因此，球的体积 $= \frac{1}{3} \times$ 球面积 $\times$ 球半径。

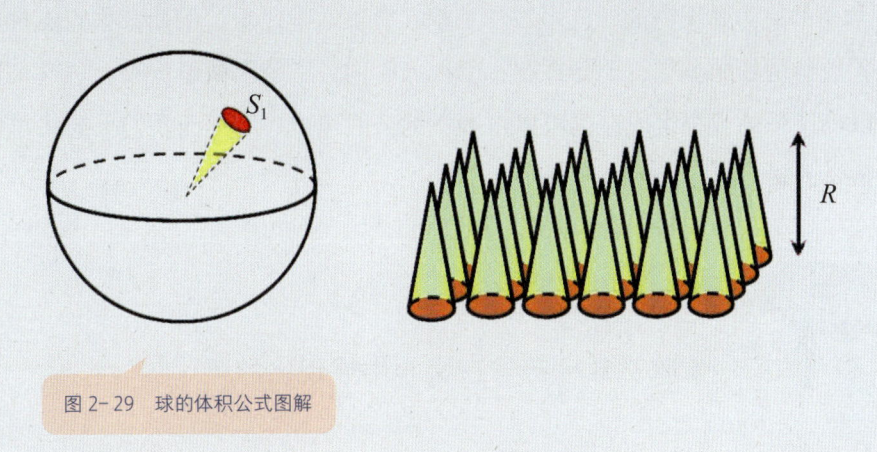

图 2-29 球的体积公式图解

因此，数学证明还需要善于联想和想象。

3. 审美表现与创造

数学的魅力是无穷的，许多数学家都在赞颂数学之美。例如，华罗庚赞美道："数学是壮丽多彩、千姿百态、引人入胜的。"爱因斯坦赞叹："这个世界可以由音乐的音符组成，也可以由数学的公式组成。"下面我们一起来再度感受数学的魅力。

训练一：

请欣赏数字符号在文学中展现出的美

1. 唐诗

绝句·杜甫

两个黄鹂鸣翠柳，一行白鹭上青天。
窗含西岭千秋雪，门泊东吴万里船。

2. 对联

一叶孤舟，坐着二三墨客，启用四桨五帆，经过六滩七湾，历尽八颠九簸，可惜十分来迟。

十年寒窗，进了九八书院，抛却七情六欲，苦读五经四书，考了三番二次，今天一定要中。

训练二：

请欣赏数学的奇异美——奇妙的默比乌斯带

1858 年，德国数学家默比乌斯和约翰·李斯丁发现：把一根纸条扭转 180° 后，两头再粘起来做成的纸带圈，具有魔术般的性质。普通纸带具有两个面，一个正面，一个反面，两个面可以涂成不同的颜色；而这样的纸带只有一个面（即单侧曲面），一只小虫可以爬遍整个曲面而不必跨过它的边缘。这种纸带被称为"默比乌斯带"。

图 2-30 默比乌斯带

同学们，请拿出一根纸带、彩笔和胶水，按上述方法做出一根莫比乌斯带，体验它的奇妙。并开动你们的大脑与同学讨论如何将默比乌斯带应用到我们的生活中。

训练三：

请欣赏数学中的对称美

冬天天空飘落的雪花具有高度对称性，是天然的对称图形。请大家在冬天的时候仔细观察雪花的形状，然后根据它的对称性，拿起剪刀和纸裁出一片片洁白的雪花贴在窗上。除了雪花，大家再想想还可以剪出哪些漂亮的窗花，剪好后再试着折叠看看这些图形是否具有对称性。

图 2-31 雪花

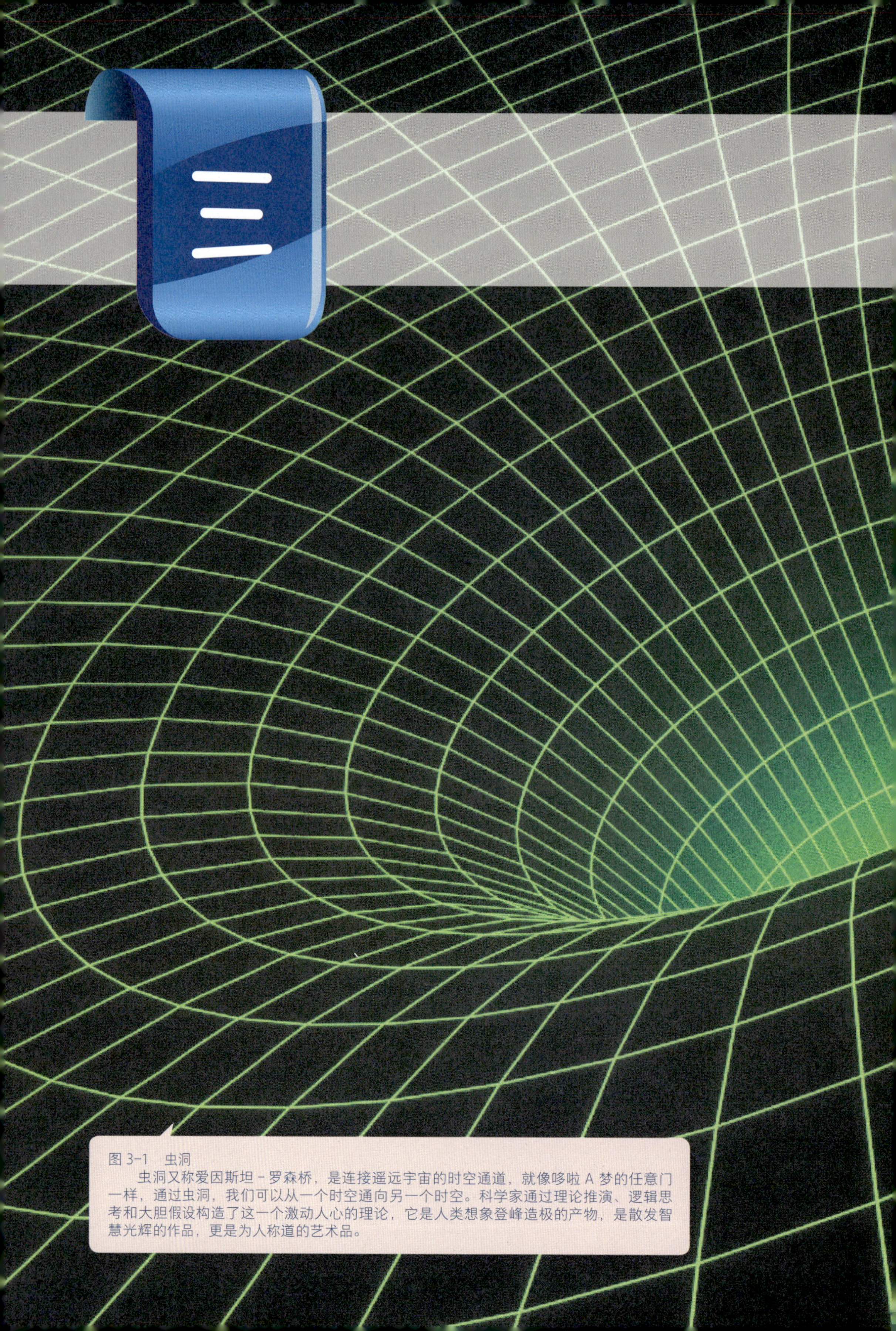

图 3-1　虫洞

　　虫洞又称爱因斯坦 - 罗森桥，是连接遥远宇宙的时空通道，就像哆啦 A 梦的任意门一样，通过虫洞，我们可以从一个时空通向另一个时空。科学家通过理论推演、逻辑思考和大胆假设构造了这一个激动人心的理论，它是人类想象登峰造极的产物，是散发智慧光辉的作品，更是为人称道的艺术品。

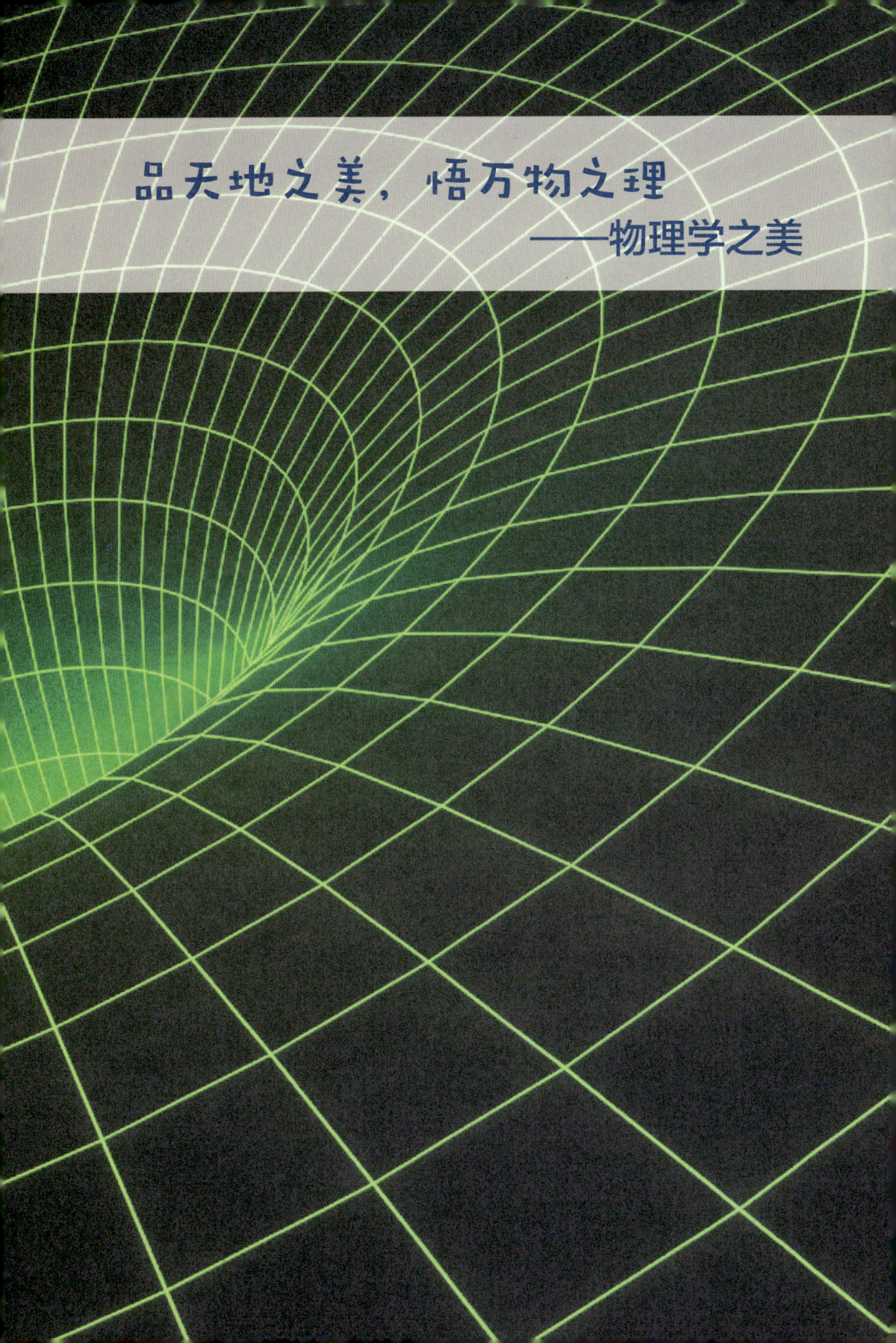

品天地之美，悟万物之理
——物理学之美

1. 什么是物理学之美

物理学是以物质运动基本规律和物质基本结构为研究对象，揭示自然规律的一门学科。物理学研究大至宇宙，小至粒子等一切最基本的运动形式和规律，是当今最为精密的自然科学学科之一。但提起物理学，那繁杂的公式，苛刻的研究条件和晦涩的语言似乎天然地疏远了美。就像人们提起爱因斯坦只会想到深奥难懂的相对论，却忘记了伴随其一生的提琴。但在真正的物理学家看来并非如此。根据杨振宁先生所说，物理学之美也可分为三类，即现象之美、理论描述之美和理论结构之美。物理学之美是科学之美的重要组成部分，它的美更体现出了事物相互间的作用，反映出物质运动的客观规律。

物理学的现象之美最容易被我们感知，如极光、晶体等自然现象就可以

图 3-2　形态各异的晶体

带给我们美感体验，这种美感也不需要特定的理论知识，只要我们用心观察就能感受。

相比之下，物理学的理论之美则蕴涵了更多理性和思考，给人更深层次的美感体验。

物理学的理论描述之美重在以物理理论的形式揭示自然规律，其简洁深厚的力量让人顿生崇敬之感。牛顿万有引力定律就是物理学世界中一颗闪闪发光的明珠。但在万有引力定律提出之初，人们曾一度对它的真实性表示怀疑，直到英国天文学家哈雷预言了哈雷彗星的回归，人们才惊叹理论的力量。牛顿万有引力定律在给世人带来巨大惊喜的同时，也向世人展现了物理学理论无与伦比的魅力，这就是物理理论描述之美。它是物理学家心之向往的美，使物理学家们在繁复的研究工作中感到欣慰、愉悦，成为物理学家们持续进行物理研究的重要动力之一。

图 3-3 牛顿

图 3-4 彗星
在众多彗星中，哈雷彗星十分有名，它是最著名的短周期彗星，每隔 75 或 76 年就能从地球上看见，哈雷彗星是唯一能用裸眼直接从地球上看见的短周期彗星，也是人一生中唯一可能以裸眼看见两次的彗星。

三 品天地之美，悟万物之理——物理学之美

物理学的理论结构之美通常指理论本身有一个漂亮的数学结构。英国理论物理学家、诺贝尔物理学奖的获得者保罗·狄拉克就是一个理论结构之美的极致追求者，他直接从理论和数学结构出发演算到了闻名于世的狄拉克方程，并由此预言了反粒子。杨振宁用"秋水文章不染尘"来形容狄拉克仿若神来之笔的工作，而狄拉克本人也明确表示，"物理学定律必须具有数学美"！

图 3-5 狄拉克
英国著名的理论物理学家。1933 年，狄拉克与薛定谔发现原子理论新的有效形式，共同获得诺贝尔物理学奖。

图 3-6 1927 年第五届索尔维会议
会议上集聚了当时世界上最具智慧的科学家们。

2. 物理学之美的欣赏

（1）物质的始源——原子

早在两千多年前，古希腊学者就提出物质是由许多微小、不可分割的颗粒构成的，这种颗粒就称为原子，它无处不在。我们手上的这本书、窗外的绿茵、天空的飞鸟……自然界的一切都可以微缩到原子。随着近现代科学的发展，科学家们对这个肉眼看不见的、神奇的粒子充满了好奇，它究竟长什么样子呢？科学家们运用博学的知识和丰富的想象展开了一场长达几个世纪的讨论和研究，在这个过程中，科学家们呈现出了形象的粒子模型，将假设表达出来。虽然有的模型后来被证明是不科学的，但科学家们锲而不舍追求真理的精神令人感动。

古希腊哲学家德谟克利特提出宇宙之中除了原子核和虚空别无他物，原子是永恒的、不变的、不可再分的。虽然这只是一种理论假说，但它试图赋予混乱的世界一种宁静的秩序。从那以后，人们一直都在探索原子的结构，提出了不同的原子结构模型，从道尔顿的实心小球模型到约瑟夫·汤姆逊的梅子布丁

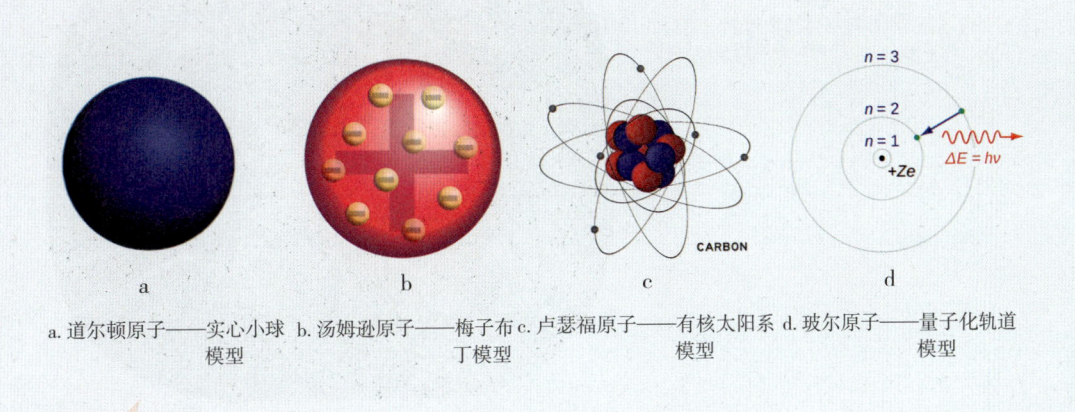

a. 道尔顿原子——实心小球模型　b. 汤姆逊原子——梅子布丁模型　c. 卢瑟福原子——有核太阳系模型　d. 玻尔原子——量子化轨道模型

图 3-7　原子模型图

模型，从卢瑟福的有核太阳系模型到玻尔的量子化轨道模型，再到原子的电子云模型。这些不断变得精确的模型，既是物理定律的修正完善，也是人类对自然界认识逐渐加深的过程。这些模型都拥有非常贴切的名字，每个模型都可以用生动的图像表达出来，不仅精美绝伦，而且精确到位。在这一点上，将科学家比作艺术家一点也不为过。

科学是永无止境的探索过程，随着认识的深入，人们发现原子不再是组成世间万物的最小的、不可分割的单位了，电子、质子、中子、夸克等更为微小的粒子相继被发现。夸克组成了中子和质子，中子、质子和电子又组成了原子，

图 3-8　H 双重子（想象图）
一种假想粒子，由 6 颗夸克组成。

图 3-9　希格斯粒子（想象图）

原子又按照一定的结构组成了万事万物，但这并不是终点……

可以预见的是，未来粒子的种类必然越来越多，越来越复杂，但这些并不是杂乱无章的，而是井然有序的，它们之间总有一定的关系。仿若一场宏大的音乐会，音符间的排列组合构成了或激昂、或悲怆、或优雅的乐曲，无论其表现形式如何多样，音符却始终还是那些音符。科学家不断探索着组成万物的基本音符。他们是伟大的"作曲家"，在细节与整体之间切换，在渺小与伟大之间穿梭，实在叫人惊叹不已。

> 图 3-10　位于欧洲的大型强子对撞机（局部）
> 欧洲大型强子对撞机是现在世界上最大、能量最高的粒子加速器。大型强子对撞机坐落于日内瓦附近瑞士和法国的交界地侏罗山地下 100 米深处，总长 17 英里（1 英里 ≈ 1.61 千米）（含环形隧道）的隧道内，正是对撞机发现了希格斯粒子希格斯玻色子的存在。这个庞然大物承载了几代科学家的梦想，科学家们有机会通过它揭开暗物质、超对称和平行宇宙的神秘面纱。

三　品天地之美，悟万物之理——物理学之美

（2）对简洁统一的追寻——能量守恒定律

科学家们坚信变化万千的自然现象背后深藏着统一、简洁的大美，他们相信自然界的机械、热、电、磁、光学、化学和生命运动之间是互相联系的。经过艰辛的探索，物理学家将这种联系称为能量。物质的运动形式多种多样，每一种具体的物质运动形式存在相应的能量形式。如动能、热能、化学能、电能、光能等。能量守恒定律揭示了自然界中各种能量的守恒和统一：能量既不会凭空产生也不会凭空消失，它只会从一个物体转移到另一个物体，或者从一种形式转化为另一种形式，且在转化或转移的过程中，能量总量保持不变。这一定律将自然现象的万千变化都囊括进来，可谓完美。但它的发现过程十分曲折，是一项十分浩繁的工作。

来自5个国家的10余位科学家，在30多年的实践研究中从不同侧面丰富了能量守恒定律，科学臻美的精神在历史的长河中熠熠生辉。德国物理学家迈耶从理论思考的角度对能量守恒进行了阐述，他深信各种物理现象之间能

图 3-11 德国物理学家、医生迈尔
迈尔是第一个发现并表述了能量守恒定律的人。

图 3-12 热力学奠基人之一克劳修斯
他引入了熵的概念，并首次明确提出了热力学第二定律。

图 3-13 英国物理学家焦耳
他是第一个用实验精确地测量和计算出热量与机械功之间的数值关系的人。

图 3-14 德国物理学家赫姆霍兹
他是第一个以数学方式提出能量守恒定律的人。

够实现统一和转化，而且可以找到一个守恒量来测度这种转化，以彰显自然界的秩序与和谐。他将自己的这些发现写成文章，文章中包含了大量富有启发性的思想，为后续研究指明了方向。英国科学家焦耳在迈尔的基础上花了整整40年时间进行艰苦卓绝的工作，用实验证明了能量之间转换的数值关系，用抽象的数字将热量与机械功之间的转化关系表达出来，不仅简洁，而且精确。赫姆霍兹又在此基础上，用完整的数学语言表达了能量守恒定律，其研究被认为是该领域最严谨、最全面的论证。现在，科学界已经公认"能量守恒定律是普遍适用于一切自然现象的基本规律之一"。

能量守恒定律用三个符号 ΔU、Q 和 W 来表示自然界一切能量形式，用一个公式"$\Delta U=Q-W$"来说明自然界中各种能量转化之间遵循的规律，这就是热力学第一定律的数学表达公式。

其中：ΔU 为系统的能量变化量，Q 为在此过程中系统从环境所吸收的能量，即系统本身存在的能量，W 为在此过程中系统对环境所做的功，是做功损失的能量。根据能量守恒定律，早期人们设想的一种"永动机"被彻底否定。

自然界中各种复杂的能量关系就用这样一个极其简洁精美的公式表达出来。无论是植物的光合作用、动物的捕食，还是日常生活中电池充电放电，都可以用这一定律进行解释。这不仅加深了人类对自然的认识，更凸显了理性思维的力量，展现了科学四两拨千斤的力度。对科学家们而言，其精彩程度绝不亚于莎士比亚的《哈姆雷特》。

图 3-15　一种设想中的永动机

> 能量守恒定律像（莎士比亚的）《哈姆雷特》一样，它可以触动绝大部分人的心灵最深处的感情，并诱发出无与伦比的想象。
> ——钱德拉塞卡（印度裔美国物理学家、天文学家）

（3）电与磁的统一——麦克斯韦方程组

很久以前，中西方的古代先贤就对电与磁有所研究。无论是西方对琥珀与猫毛摩擦生电的研究，还是中国古代指南针的应用，都显示出电与磁风马牛不相及。直到库仑试图把牛顿万有引力套用到静电学中的一次扭秤实验，发现磁力与电力一样遵循平方反比定律，才让磁与电的研究产生了联系。

后来丹麦物理学家奥斯特在一次课堂实验中发现了电流的磁效应，首次将电学与磁学结合起来。从此，电磁学蓬勃发展起来。经过一大批天才物理学家的艰辛探索，如安培发现安培定律、法拉第发现电磁感应等，麦克斯韦逐步完成《论法拉第力线》、《论物理力线》及《电磁场的动力学理论》等论文，验证了光也是一种电磁波的猜想，最后，完成其专著《电磁学通论》，成为物理学研究的里程碑。在这部著作中，麦克斯韦以数学化的语言，揭示了电磁、光之间的普遍联系，即著名的麦克斯韦方程组。

> 麦克斯韦方程组是宏大的数学表达，它深邃、微妙，但又令人吃惊的简单。它们如此具有说服力，以至于人们不需要学习高深的数学知识就可以感觉到它们的美和力量。
> ——美国作家 Basil Mahon

在麻省理工学院的一堂公开课上，麻省理工学院传奇人物沃尔特·引文（Walter Lewin）教授在讲完麦克斯韦方程组后，激动地告诉同学们："今天非常特别，因为今天我们看到了四个确定了的麦克斯韦方程组，我们完成了一次很长的旅行，并在4月5号这天，我们攀上了顶峰。我明白并不是所有人都能领略这壮美的风景，因为在顶点通常会有一些迷雾，但迷雾终会消散……我认为这是一个值得庆祝的时刻，为此我带来了600朵水仙花，我希望你们下课后每人来拿一朵带到宿舍……当你今晚或明天在家看它的时候，请记住这样的经历你们一生只有一次。"这样的课堂令人热泪盈眶，每一个学习麦克斯韦方程组的学习者都会经历这一激动人心的时刻，并且绝对值得以一种唯美的方式进行庆祝。

虽然麦克斯韦方程组被当代科学家奉为至宝，但这一划时代的艺术品在提出之初并没有得到太多重视，因为他的理论是对物质世界的一个崭新的描述，违背了牛顿的传统物理学，因此，该理论当时在欧洲等地毫无立足之地。直到德国一位天才物理学家赫兹用奇妙的电火花实验证实了麦克斯韦提出的电磁波的存在，人们才开始惊叹麦克斯韦方程组的威力。虽不是每个人都能看懂如此深奥的公式，但任何能看懂之人都会惊讶于它的简洁和深邃，几个数学符号就揭示了整个电磁学的精髓。这样完美、工整、统一的方程组怎能不让人歌颂称赞呢？

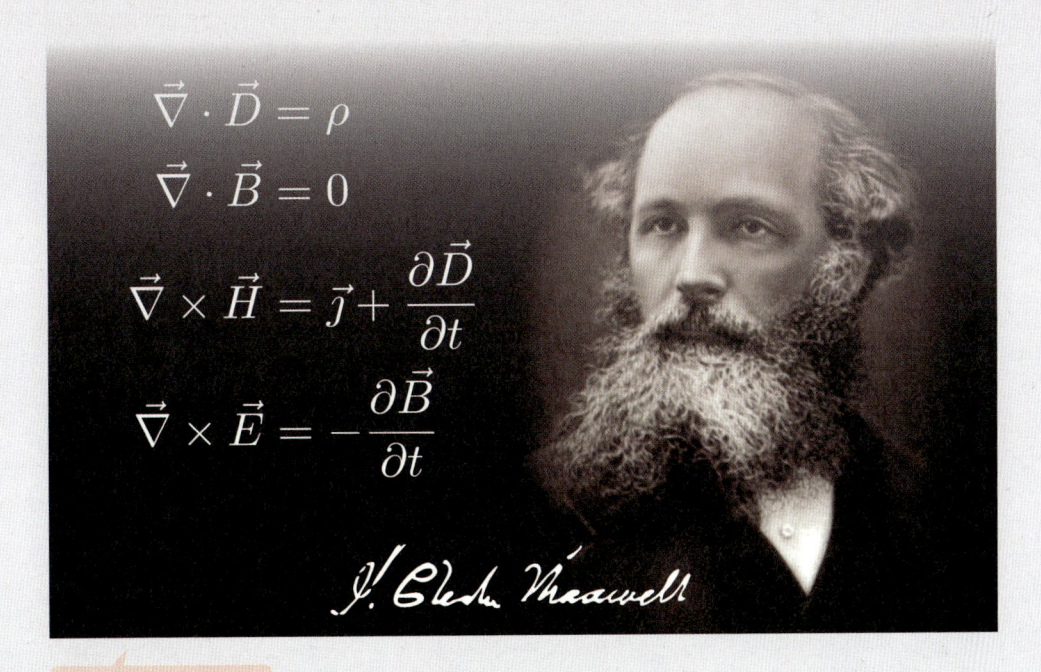

$$\vec{\nabla} \cdot \vec{D} = \rho$$
$$\vec{\nabla} \cdot \vec{B} = 0$$
$$\vec{\nabla} \times \vec{H} = \vec{j} + \frac{\partial \vec{D}}{\partial t}$$
$$\vec{\nabla} \times \vec{E} = -\frac{\partial \vec{B}}{\partial t}$$

图 3-16 麦克斯韦

（4）思维的集大成者——相对论

麦克斯韦之后，爱因斯坦又进一步彰显了科学对称性的美和力量。麦克斯韦曾指出，光只有在以太参照系中速度才为 c，约为 3×10^{-8} m/s。而爱因斯坦却对此感到怀疑，对特殊的"以太参照系"尤为不满，他曾经在自己的论文《论动体的电动力学》中说：

大家知道，麦克斯韦电动力学——像现在通常为人们所理解的那样——应用到运动物体上时，就要引起一些不对称，而这种不对称似乎不是现象所固有的。

通过不断地深入思考和验算，爱因斯坦提出了狭义相对论，提出光速不变这一原理，曾经的"以太参照系"不复存在，扩大了麦克斯韦方程组的应用范围，对称也得到了进一步扩展。狭义相对论给人们带来的最奇妙的感受就是，在开动的火车或者飞行的飞船中，时间会变短，米尺会缩短。换言之，高速运动的粒子寿命会增长，就像电影《星际穿越》中飞行员库珀的经历一样。

爱因斯坦在构建狭义相对论期间，深刻地体会到了对称性的力量，这为他建立广义相对论奠定了基础。1915 年，物理学界一件绝美的艺术品——广

图 3-17　想象中的飞船进行星际穿越

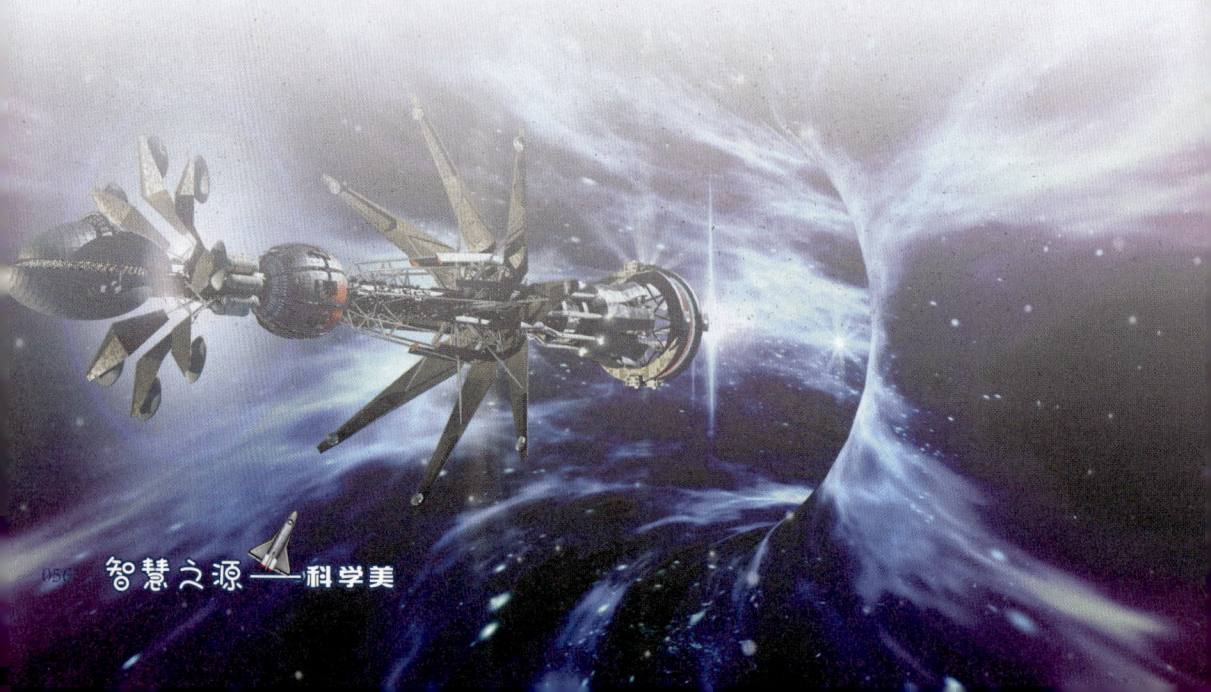

义相对论出炉。爱因斯坦提出的狭义相对论几乎能讨论所有的自然现象，但却不能对引力定律加以讨论。这个问题一直萦绕在爱因斯坦的心中，他时而踱步沉思，时而奋笔疾书，从对称性的角度出发，运用思维的工具，完美地演绎广义相对论。

> **小故事一则**
>
> 爱因斯坦的狭义相对论，获得了普朗克的赞赏并推荐他为普鲁士科学院院士。
>
> 普朗克曾问爱因斯坦："一切不是都很好了吗？你又在忙什么啊？"
>
> 爱因斯坦说："烦人的事多着呢，狭义相对论中的不对称性，最令我心烦。"

爱因斯坦将物理学研究中的审美判据明确下来。传统物理学研究多通过对现象的挖掘来获得具有普适意义的定律，而爱因斯坦进行物理研究时并不仅仅从外在的现象出发，而是从现有定律的理论缺陷出发进行数学推导，获得一个完美的符合美学判断的理论，进而探索并解释自然界尚未被人们所发现的现象。这种方法影响了后来许多杰出物理学家，如狄拉克、杨振宁等，今天基础物理学研究过程基本上还是遵循爱因斯坦的这一思维程式。

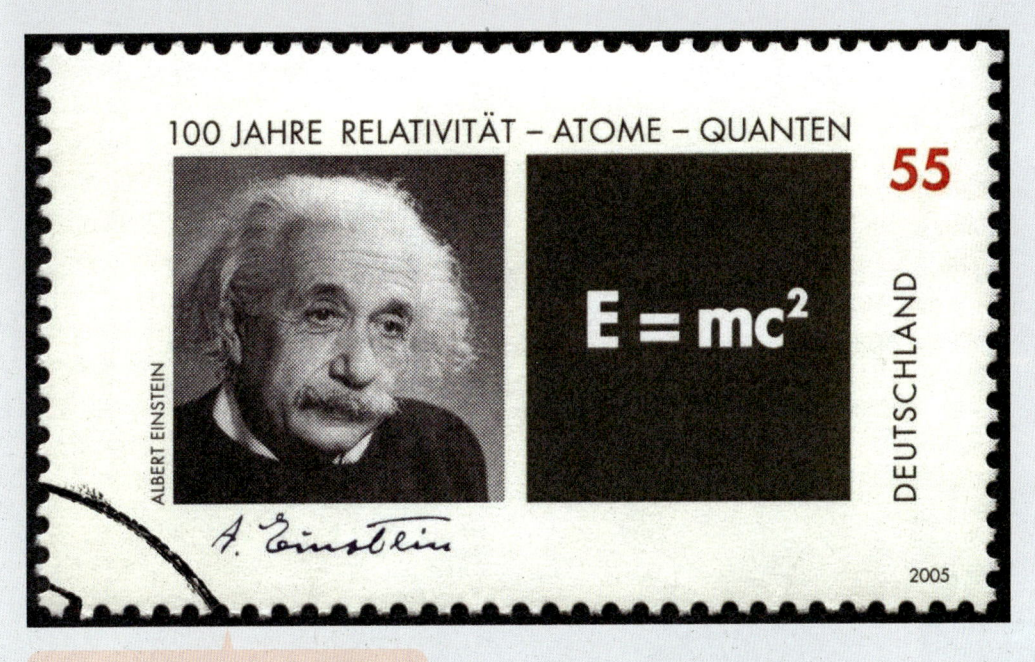

图 3-18 爱因斯坦质能方程纪念邮票

爱因斯坦在广义相对论中提出了几个预言，包括水星进动、光线偏折、引力红移、雷达回波时间延迟以及引力波等，这些预言相继得到证实，广义相对论潜藏的巨大能量得以展现。曾经有人问过爱因斯坦："如果观测与您的理论不相符合，怎么办？"爱因斯坦回答说："那我就为上帝感到遗憾。"爱因斯坦对自己的审美判据深信不疑，这一审美判据帮助他揭开了自然界神秘的一角。

大自然按照美的规律来设计万物，这种美最直接表现为简洁、深邃、对称、统一。爱因斯坦还说："有许多人之所以爱好科学，是因为科学给他们以超乎常人的智力上的快感，科学是他们的特殊娱乐，他们在这种娱乐中寻求生动活泼的经验和雄心壮志的满足。"这种"超乎常人的智力上的快感"就是对科学的审美体验，就是一种思维运动带来的高峰享受。

图 3-19　引力波模型图（wordpress）
　　2015 年美国科研人员利用激光干涉引力波天文台（LIGO）首次探测到双黑洞合并的引力波信号。LIGO 科学合作组成员之一的胡一鸣写道：雁过留痕。时空的涟漪，在不经意间拨动了激光编制的琴弦。

间中某一点发出的信号,途经太阳附近后达到地球的时间将有所延迟,可以用这个来检验爱因斯坦广义相对论的正确性。后来,科学家先后对水星、金星与火星进行了实验,证明确实存在延迟现象,所得结果与广义相对论理论值一致。这在展现广义相对论的威力的同时,也体现了广义相对论无与伦比的美。

图 3-20　雷达回波时间延迟

三　品天地之美,悟万物之理——物理学之美

3. 审美表现与创造

德国生物学家海克尔说:"自然界的美与伟大是无穷无尽的宝藏,它向每一个有眼睛和有审美观的人贡献出源源不断的绝妙赠品。直接鉴赏每一个个别的赠品固然值得,固然令人心旷神怡,要是能认识其意义及其与自然界其他部分的联系,那么价值则更高。"

训练一:

欣赏美丽的彩虹

让我们一起从物理现象出发,做一个小小的物理学家,感受物理学的形式美和内涵美,探索物理学中的奇景。

雨后彩虹的出现是最值得欢呼雀跃的事情,五彩颜色在空中划出一道美丽的弧线,让人们忍不住发出"赤橙黄绿青蓝紫,谁持彩虹当空舞?"的感叹。

现在,让我们一起等待美妙的彩虹出现吧!

图 3-21 雨后彩虹

训练二：

发现彩虹的规律

绚烂的彩虹一定会让你欢呼雀跃！如果能够了解彩虹出现的原理，自己"制造"出彩虹，那真是一件令人振奋的事。下面就让我们一起通过实验来"制造"彩虹吧！

（1）首先准备一张 A4 大小的黑色卡纸；

（2）在卡纸中间剪一个拇指大小的圆孔，将卡纸对准阳光；

（3）在卡纸的另一侧，将三棱镜的一面放在从小孔射出的阳光前，观察地上是否出现了七色彩虹。

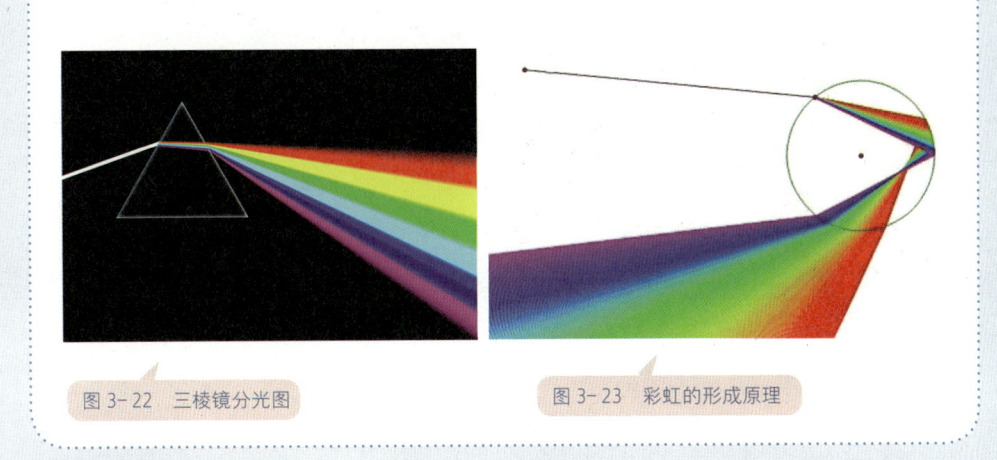

图 3-22　三棱镜分光图

图 3-23　彩虹的形成原理

训练三：

创造彩虹

通过观察和实验，我们发现，原来太阳光是复色光。当太阳光照射到空气中的水滴时，这些小水滴就像一个又一个微小的三棱镜，光线被这些小水滴折射及反射，在天空形成了美丽的彩虹。刚才这个实验就是牛顿著名的棱镜分光实验，被誉为"十大最美物理实验"之一。

现在，你可以根据这个原理随时自己创造彩虹了，这真是一件让人极其振奋愉悦的事情。

三　品天地之美，悟万物之理——物理学之美　　061

第四章

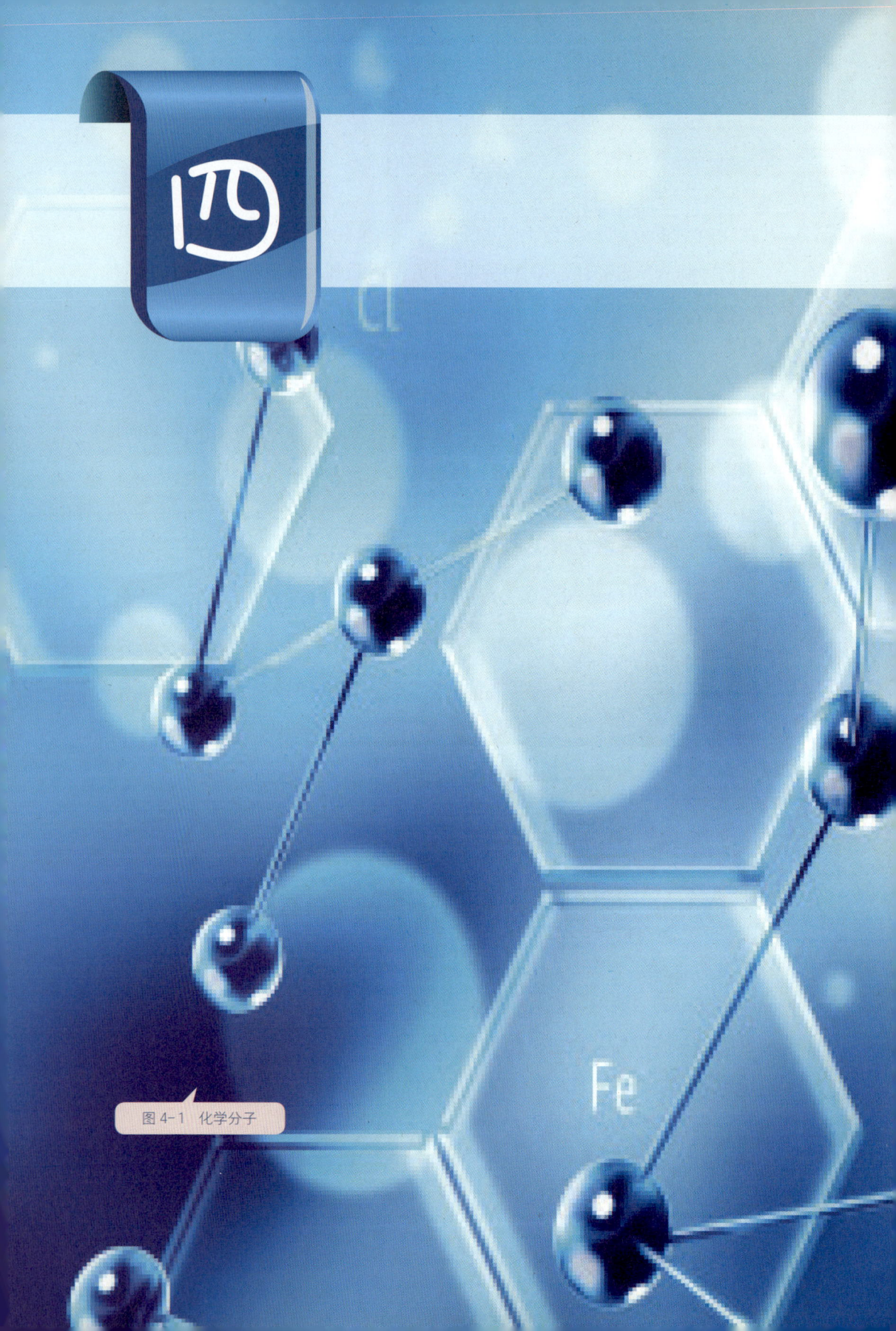

图 4-1 化学分子

把握物质世界的脉搏
——化学之美

化学是研究物质的组成、结构、性质及变化规律的科学。化学对我们认识和利用物质具有重要的作用，宇宙是由物质组成的，物质世界是绚丽多彩的，化学作为一门探索物质世界规律与奥秘的科学无疑也是美的。

1. 什么是化学之美

在探索物质世界时，我们会在无序之中发现有序规律的和谐美、统一美、对称美、对比美、节奏美、奇异美等。闪亮的晶体、整洁的反应式、样态各异的反应过程，甚至反应装置、化学仪器等都呈现独特的美学气质。

化学的美体现在朴实无华，你看那黑黢黢的木炭和亮晶晶的钻石，哪里会想到它们竟是同一种元素构成的呢？谁又能想到，我们常见的燃烧现象却包含着各种化学物质的分解、重组与生成？它美在严谨精细，任何一门科学都必

图 4-2 二战时期青霉素宣传画
Thanks to PENICILLIN...Home!（感谢青霉素……伤兵可以安然回家！）

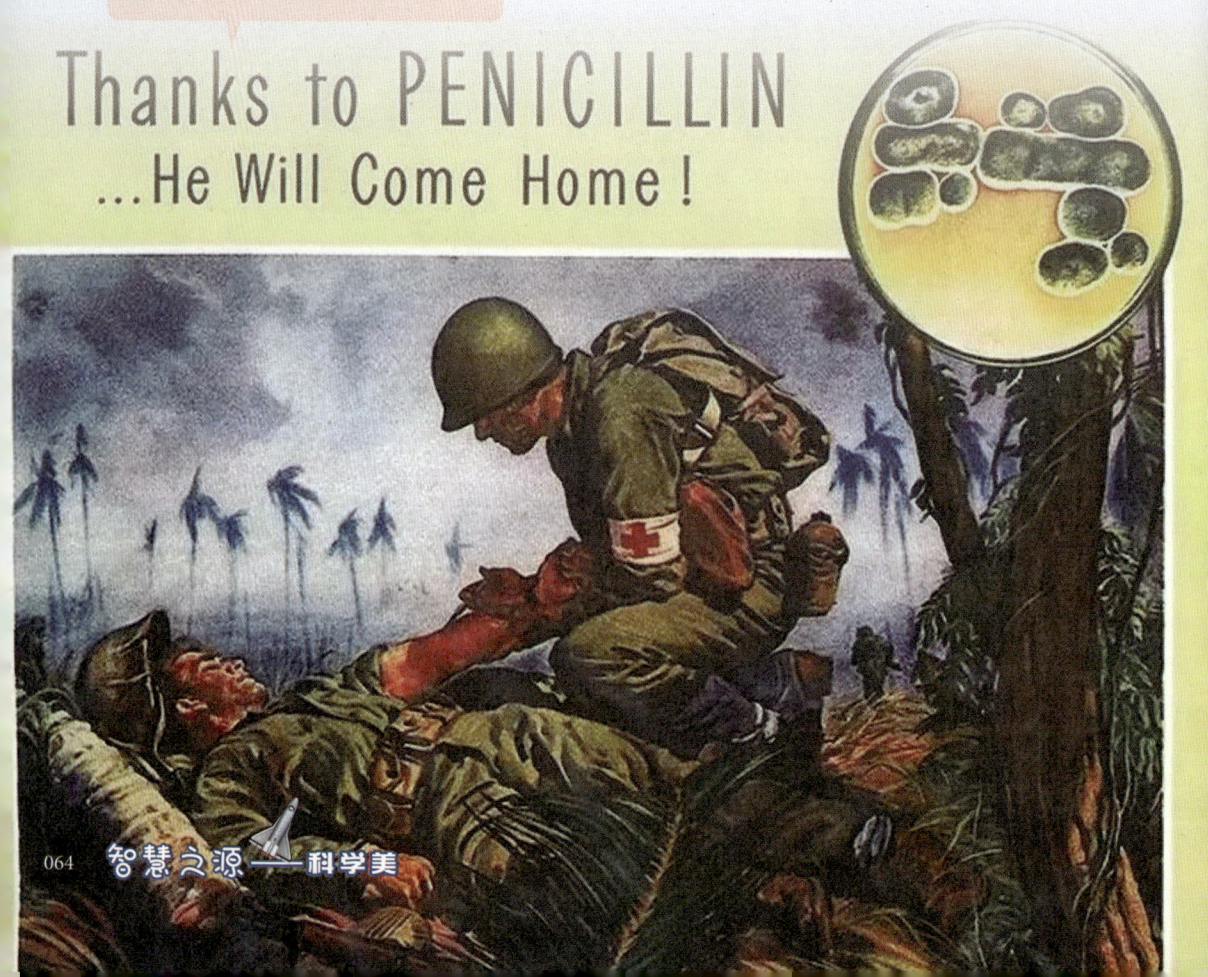

图 4-3 化学实验

须准确无误,在近代几百年的发展中,每一次测量记录,都必须准确无误,一根线条、一个符号、一个小数点的误差都将导致整个化学体系的崩溃。它还美在能够拯救生命,弗莱明无意之中发现的青霉素,拯救了数以万计的伤病患者。

　　化学本身就是真善美的统一。从玻璃器皿的晶莹剔透,到溶液的姹紫嫣红;从金刚石的坚硬,到孔雀石的璀璨,无不透露出化学物质之美。化学之美不仅在现象之上,其内在原理、定律亦深藏美意。化学原理与定律是通过大量科学家艰辛探索得来的,并用高度简洁、精准的语言,解释自然界的物质变化。化学更是我们接触世界的一种方式。各类化学实验都是科学家们探索规律的历程。无论是沉淀、结晶又或是溶解,都充满着神奇,充满着美,充满着人类的智慧和勤劳。

2. 化学之美的欣赏

化学元素的规律、化学结构的严谨、化学反应的纷彩，无不透露着化学之美。

物质世界的基础——元素周期表

元素周期表的发现与发展史，体现了科学家追求科学、完善科学、展示科学，前仆后继的奉献美和执着的探索美！18世纪中叶到19世纪中叶的一百多年间，无机化学迅速发展，到1869年科学家们一共发现了63种化学元素。但是当时人们对这些元素的分类以及元素之间的相互联系缺乏研究，为了弄清元素之间的联系，1789年，拉瓦锡首先对元素进行了分类，走出了探索元素之间规律的第一步。1829年，德国化学家对当时发现的54种化学元素进行了研究。1862年，法国化学家将当时发现的62种元素按照相对原子质量大小的顺序标记在绕着圆柱体上升的螺旋线上，从而首次发现了化学元素的周期性。几年后，门捷列夫根据对化学元素性质的探索研究，创造了第一张化学元素周期表，仅有63种元素。而门捷列夫坚信自己已经把握住了自然世界的脉搏，发现了自然界这宛如诗一样奇妙的节奏韵律。门捷列夫为了使之更加完美实用，做出了一些修改，1871年他发表了修改之后的元素周期表。

按照化学元素的相对原子质量与化学性质、物理性质之间的关系，门捷列夫把当时已知的化学元素排列成尽可能和谐的系列，使得每一种化学元素在元素周期表中的位置与其物理性质、化学性质协调一致。为了更充分地展示这种内在结构的和谐美，他还

图4-4 门捷列夫油画
作者：依果尔·拉宾
门捷列夫是俄国著名科学家，依照相对原子质量制作出了元素周期表，并成功预测了许多未知元素。1894年门捷列夫被推选为俄国艺术院院士。

给当时尚未发现的几种化学元素留下了空位,根据其位置预言了这些元素的性质。后来,门捷列夫所预言的这些元素相继得到了证实。这绝不是偶然,门捷列夫的发现既是充分运用思维规律和思维艺术的结果,更是对自然统一性的深切感悟。他深有体会地说:"永远受到赞美并以崇敬之情来充实、丰富精神的东西,到现在为止还只有两个:一是布满繁星的天,二是载有道义准则的地。这是哲学家康德所说的。现在看来还应当再加上一条,这就是贯穿于包罗万象物质世界中的这种统一。"

门捷列夫将组成自然界各种物质的元素排列成一张有规律的表,为已有元素的研究,新元素的探索,新物资、新材料的寻找,提供了一个可遵循的规律。元素周期表中共有 118 种元素。以元素的原子序数排列,最小的排在最前。原子的核外电子排布和性质有明显的规律,科学家们是按原子序数递增排列,将电子层数相同的元素放在同一行,将最外层电子数相同的元素放在同一列。元素周期表表中一行称为一个周期,一列称为一个族,其中第 8,9,10 列为一个族。

图 4-5 元素周期表

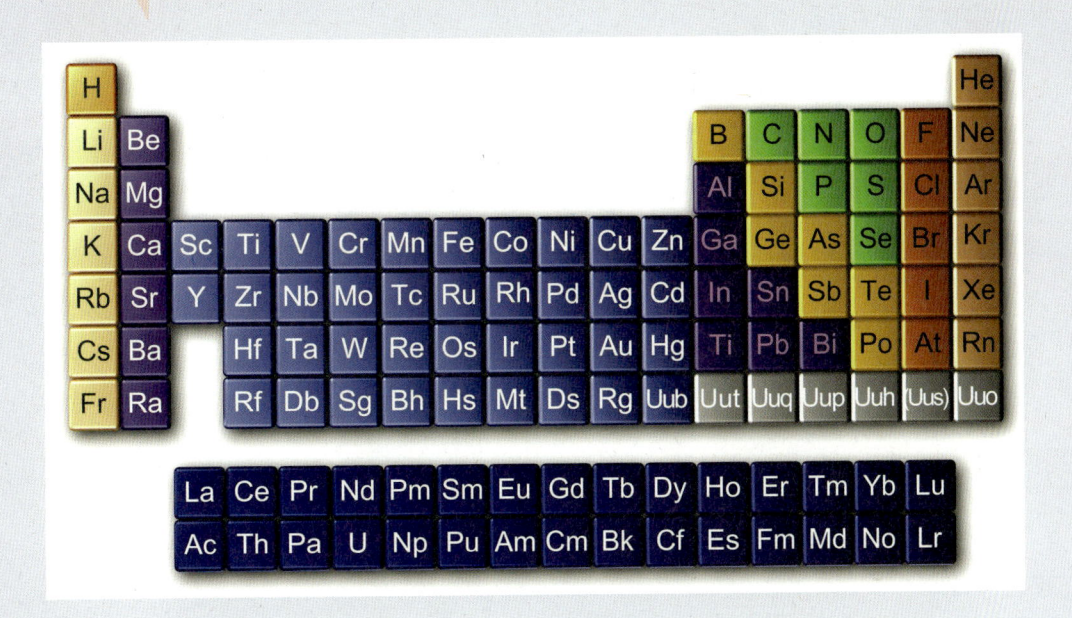

四 把握物质世界的脉搏——化学之美

化学是一门发展迅速的自然学科，化学家们以自然界中存在的各种元素及其化合物为研究对象，对它们之间的变化规律进行了广泛深入的探索。现在看来，元素周期表的空格已被填满，可是元素的发现似乎还在继续。

元素周期表在逐渐认识自然界统一性的同时，也执著地追求着自身的统一。元素周期表内部的逻辑结构从同一周期的递变规律到同一主族的逐渐变化，又体现了发展的序列性。元素周期表也会根据科学探索发现的新的元素而不断完善。一百多种元素，各有特点，但是在元素周期表中又体现出高度的统一，其性质的变化充满节奏。美的本质是各部分之间以及与整体之间真正的协调一致，化学元素周期表也会一直将多样统一演绎得更加精彩绝伦。

相同的元素不一样的价值——同素异形体

下图是一颗晶莹剔透的钻石，浑身散发着璀璨光芒，熠熠生辉。而钻石就是由金刚石打磨而得，金刚石是在地球深部高压、高温条件下形成的一种由碳(C)元素构成，具有立方结构的天然白色晶体。钻石以前被视为勇敢、权力、地位和尊贵的象征，现在普通百姓们都可拥有。钻石的文化源远流长，人们往往把它看成爱情和忠贞的象征。

图4-6 天然金刚石矿石

这里有一个小故事：相传公元前350年，马其顿国王亚历山大(Alexandrea)东征印度，在一个深坑中发现了钻石，但深坑内有许多毒蛇守护着。亚历山大命令士兵用镜子折光（聚光），将毒蛇烧死，然后把羊肉扔进坑内，坑中的钻石就粘在羊肉上面，羊肉引来了秃鹰，秃鹰连羊肉带钻石吃进腹内飞走后，士兵跟踪追杀秃鹰得到了钻石。从此传说毒蛇是金刚石的守护神。

金刚石受X射线或者紫外线的照射后会发光，特别是在黑暗的地方或夜里会发出蓝、青、绿、黄等颜色的光。这就是金刚石特有的荧光现象。印度木夫梯里附近深谷中的金刚石，白天受到太阳紫外线照射后，夜里会发出淡青色的荧光。这些荧光吸引了许多有趋光性的昆虫，昆虫又引来大量的青蛙，青蛙又招来许多毒蛇。环环相扣，这就是有金刚石的深谷中多毒蛇的原因。

图 4-7 加工后的钻石

图 4-8　石墨与铅笔
　　铅笔笔芯也是石墨，但添加有其他化学物质，使其更易书写。

比起光彩夺目、闪烁耀眼的钻石，石墨要逊色许多。但是石墨和金刚石的化学成分都是碳（C），同一种元素组成的结构不同的单质，化学上称"同素异形体"。从这种称呼可以知道它们具有相同的"质"，但"形"或"性"有天壤之别。金刚石是目前最硬的物质，而石墨却很软。同样的元素却形成性状完全不同的钻石、石墨，这也是自然界的奇妙之处。最根本的原因就在于两种物质内部的碳原子排列不同。图 4-10 是钻石内部碳原子结构图，天然钻石极为难得，于是化学家通过改变石墨内部碳原子排列来制造钻石。石墨在 5 万 ~6 万个标准大气压 $[(5~6) \times 10^4 MPa]$ 及 1 000~2 000℃高温下，以金属铁、钴、镍等作为催化剂，可转变成金刚石粉末，用于制造人造钻石，甚至形成彩色的钻石。

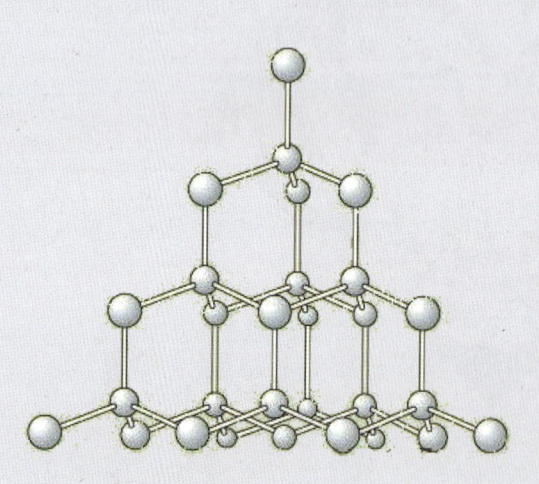

图 4-9　金刚石晶体结构图

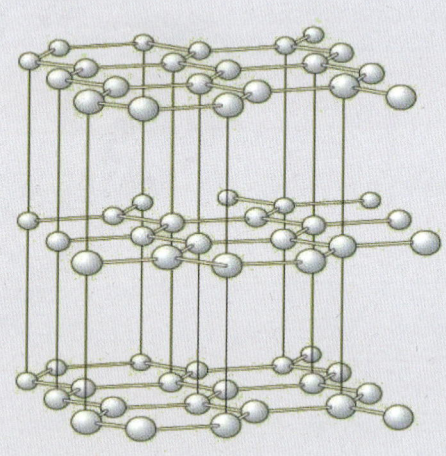

图 4-10　石墨晶体结构图

形象精准的表达——化学结构

化学式是化学中的重要符号,用简单的数字、图形便简洁而又清晰地将原子内部结构展现出来。在原子结构图中,小圆圈表示了原子中的原子核,小圆圈中的数字表示了该原子的核内质子数。弧线表示电子层,弧线上的数字表示该层的电子数。

我们在做菜时所使用的食盐,其主要成分为氯化钠。右图分别为钠原子和氯原子结构图。通过原子结构示意图,即使我们不是科学家,也能清楚地知道钠原子核内质子数为 11,原子核外面有三层电子层,原子的核外电子也围绕着原子核运动,就如同行星围绕着自己的恒星运动一样,各自有各自的轨道。微观世界里的原子,宏观世界里的天体,竟然都有着相似的运动。化学家们这种精妙而简洁的表达让我们简单地看到了肉眼无法看见的原子内部结构。也让人不得不思考,到底是什么让一切事物如此有条不紊地运行着,将一切杂乱无序的原子统一起来。

图 4-11 钠原子结构图

图 4-12 氯原子结构图

氯化钠(NaCl)形成的过程图,生动形象地展示了氯化钠形成过程中原子的变化。钠原子最外面一层有一个电子,它容易失去一个电子变成钠离子,氯原子容易接受这个被丢掉的电子后变成结构稳定的氯离子,于是钠离子和氯离子依靠静电引力结合在一起成为氯化钠(NaCl)。

图 4-13 化学教材中 NaCl 形成的示意图

四 把握物质世界的脉搏——化学之美

大自然的鬼斧神工——碳酸钙与碳酸氢钙的相互转换

经过数千年甚至数万年的时间，溶洞中往往会形成各种钟乳石，它们品种繁多，如石柱、石笋等。一些被开发的溶洞景区，在五彩灯光的辉映下，琳琅满目，洞内石瀑悬泻，石幕低垂，石柱擎天，石乳悬吊，石田阡陌纵横，人、神、兽、物等形象惟妙惟肖，栩栩如生，让人浮想联翩。色泽如玉的钟乳石如皑皑白雪，层层覆盖，仿佛把游客引入了一种"千里冰封，万里雪飘"的北国风光，其形态犹如攀枝嬉戏的猴群，又如静候在河边的犀牛……景观十分丰富多彩，构成一个神秘的地下世界。

溶洞中的岩石含有大量的碳酸钙，溶有二氧化碳的水在流过岩石或者岩石缝隙的时候会将岩石中的碳酸钙溶解。溶解了碳酸钙的地下水从岩石缝隙里面流出来，在较低的地方形成水滴，由于气压变低以及水分的蒸发，加上温度

图 4-14　钟乳石

发生变化，解释放出二氧化碳，被溶解的碳酸钙沉积了下来。就这样，从岩石中渗出的溶液不停地在同样的位置沉积碳酸钙，一根钟乳石就会慢慢地在这里"长"出来了。如果溶洞顶的溶液滴到地面，又会从地面往上"长"出一根石笋。天花板上长出来的钟乳石和地面长出的石笋最后会长在一起连接起来，变成一根石柱。

$$CaCO_3+CO_2+H_2O == Ca(HCO_3)_2$$

$$Ca(HCO_3)_2 == CaCO_3\downarrow +H_2O+CO_2\uparrow$$

看，如此简洁的化学反应式！色彩斑斓、形态各异的钟乳石竟是上面两种化学反应的结果。

图 4-15 溶洞

化学反应与化学守恒

每一个化学反应方程式都代表一个完整的化学反应过程。下图的整个化学反应过程

$$2KMnO_4 \xrightarrow{\Delta} K_2MnO_4 + MnO_2 + O_2\uparrow$$

通过这样一个简洁的化学方程式完全地表现出来。下图中的酒精灯加热试管在化学方程式中用一个小三角形"Δ"表示；试管中的高锰酸钾用它的化学式 $KMnO_4$ 表示；加热高锰酸钾发生了化学变化，产生了新的物质，化学方程式中用"＝"表示生成；最后发生化学变化生成了三种新的物质，其中一种是我们生存所必需的氧气，在化学方程式中用 O_2 表示，并且由于它是气体，化学方程式中用向上的箭头"↑"表示。反应中生成的沉淀物用向下的箭头"↓"表示。

图 4-16 加热高锰酸钾制取氧气

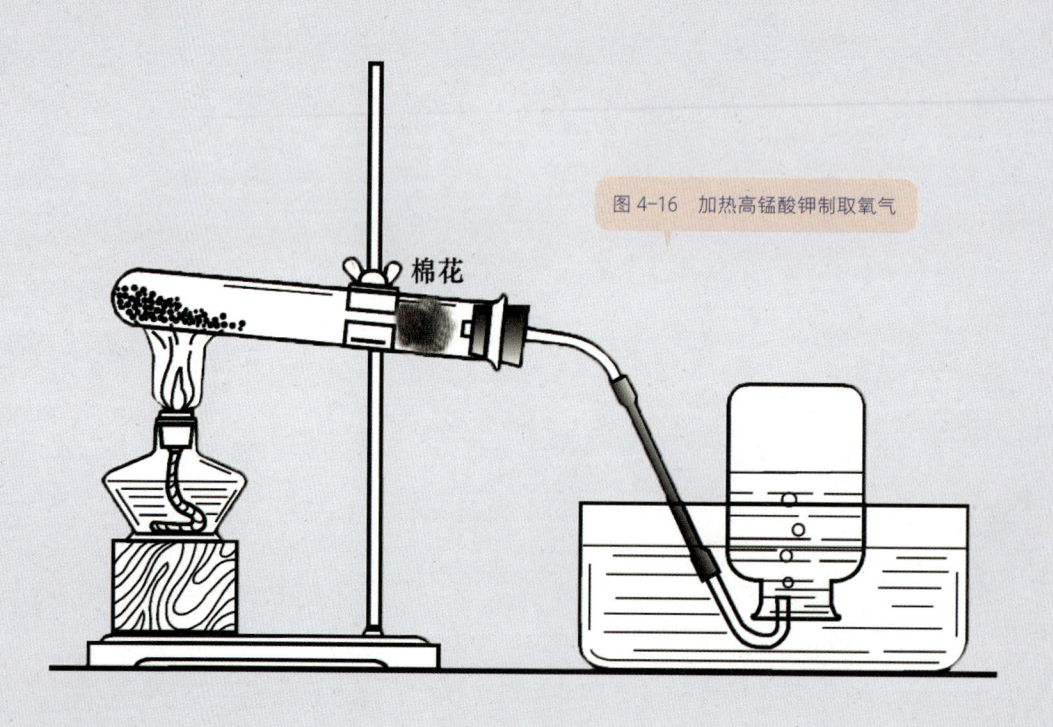

棉花

图 4-17　剧烈的化学反应

$$NaCl+AgNO_3 = AgCl\downarrow +NaNO_3$$

这个化学方程式表达的是氯化钠跟硝酸银的反应,当我们仅仅看到这个化学方程式的时候,只能想到它们在一起生成了白色沉淀氯化银。然而,通过显微镜我们可以看到这个美妙的反应过程,当氯化钠滴入硝酸银的时候,平静的液面发生了改变,就像无数的舞者手挽着洁白的绸缎在舞台上尽情地起舞,待反应结束,就如同音乐停止,舞者们停止舞蹈,一个个静立于舞台上。两种物质的碰撞,一场精彩的舞蹈,一次视觉盛宴,何其美妙!

守恒法则无处不在,守恒存在于自然界的千变万化之中,在化学反应中则有质量守恒。化学反应是原子之间的重新组合,反应前后组成物质的原子个数保持不变,物质的质量始终保持不变,即质量守恒。

3. 审美表现与创造

化学是研究物质的组成、结构、性质、变化和用途的一门科学。物质世界有多绚烂，化学世界就有多精彩。下面我们一起欣赏并创造化学之美。

训练一： 观察宏观世界与微观世界中的化学

化学是一门以实验为基础的科学，化学实验中有各种各样的仪器、试剂，如烧杯、锥形瓶、平底烧瓶、圆底烧瓶等仪器，硫酸、硝酸、高锰酸钾、二氧化锰等试剂。纯净的仪器装入各色的试剂，更能给人带来一种视觉上的美感。化学的微观世界下，也有足球烯这样完美的分子结构，足球烯，形似足球，是一种纯净的物质，仅由碳元素构成，它具有60个顶点和32个面，其中12个为正五边形，20个为正六边形。

请同学们在化学实验中认真地观察和欣赏各种仪器和试剂，并通过显微镜去探寻微观世界中的美妙。

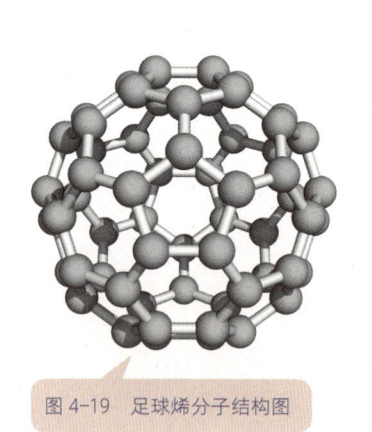

图 4-18 化学实验的仪器

图 4-19 足球烯分子结构图

训练二：

欣赏化学反应变化之美

化学反应中各种实验现象、颜色变化、形态变化等构成了化学这门学科独特的美。将金属钠放入水中，钠会浮在水面上并熔化成光亮的小球在水面游动，并发出咻咻声。往酸性溶液里滴入紫色石蕊试液，紫色石蕊试液会变成红色；往碱性溶液里滴入紫色石蕊溶液，则会变蓝色。这些色彩缤纷的变化组成了化学这门科学。请同学们根据视频欣赏更多美丽的化学变化，并描述这些变化过程。

图 4-20　化学实验中的色彩变化

训练三：

制作分子模型

请大家根据化学物质的内部原子结构图，用橡皮泥和小木棍制作分子模型。

图 4-21　水的分子结构

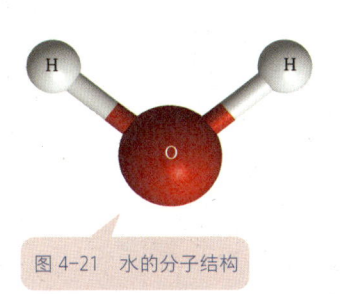

图 4-22　苯环的分子结构

四　把握物质世界的脉搏——化学之美

五

图 5-1 多彩的海洋世界

万物生长，生机勃勃
——生物学之美

在多姿多彩的海底世界，有五颜六色的珊瑚丛，鱼儿等生物在珊瑚间自由自在地嬉戏游玩，把海底点缀得漂亮而又神奇；鱼儿等生物与海底环境相互作用构成统一的海洋生态系统，是地球生态圈的一部分。其实生态系统的范围有大有小，一片草原、一片森林……都各自成为一个系统。它揭示的是生物空间分布规律、运动变化规律、内在联系规律、能量转换与物质循环。

1. 什么是生物学之美

地球上的生物是多样的，在这纷繁复杂的多样性背后是否存在规律？生物结构有着怎样的功能？这些生物又按照怎样的规律进行遗传、繁殖、进化、生长……生物学破解了生命密码，通过研究 DNA 可以揭示生物如何保持生命特征的稳定性和多样性，生物遗传、繁殖、进化、生长却与生物化学过程有关。生物学家们通过坚持不懈的努力，放大了生命的蓝图，让我们更加深入地了解了生命的运行机制。在对生物学进行了解的过程中，我们能感受到生物学的美感。

生物学是研究生物的结构、功能、发生和发展规律的学科。通过研究生物，生物结构、功能和发展规律，来揭示和反映生命世界的和谐统一，可以给予审美主体愉悦的情感体验。

生物学之美在于生命的多样性。大自然中，各类生物以其独特的色彩、形体、声音、行为给人视觉、听觉等以及心灵全方位的冲击。多彩的花、葱茏的树，大如山岳的鲸、小到难以分辨的水熊虫、日日欢歌的鸟、会造宫殿的蚁……正是有了它们，人类才不孤单！

图 5-2　花红叶绿

生物学之美在于科学的探索。科学研究的目的在于揭示事物的本质规律，生物学的研究是对纷繁复杂的生命系统进行探索，揭示其内在的和谐统一性。生物个体形态与结构相统一，结构与功能相统一，功能又与环境相统一。生物总是由低等向高等进化，由简单向复杂进化。而这一切，皆由生命密码DNA或RNA操控。

生物学之美还在于其为人类社会生活带来诸多启示，促进人类社会自我完善与发展。动植物不仅为人类的生存提供了必要的物质，也为人类提供了精神上的愉悦。各类奇珍异草进入人类的精神世界，成为人类的艺术作品，不仅如此，动植物乃至于微生物还给人类的科技发展提供了科学借鉴，蜜蜂的正六边形蜂窝、蝙蝠的回声定位系统、鸡头的稳定系统等为人类创造更精密的仪器提供了重要线索。

人们透过生物形态各异的外形外表和各具特色的生命活动，能够看到有趣的内在规律。正如美国著名的植物学家彼得·雷文（Peter H. Raven）和乔治·约翰逊（George B. Johnson）所说，科学最为有趣的时候，是当它引起你遐想的时候，尤其是在你的经验常识令你无法相信你眼前所见的时候，更是如此。

图 5-3　形形色色的生物

2. 生物学之美的欣赏

旅程——DNA 结构的发现

DNA 即脱氧核糖核酸，是染色体的主要成分。回顾 DNA 的发现历程，新奇之美，无处不在。而新奇正是科学理论的生命力之所在，它反映的是旧观点、旧理论不能解决的新问题，提出出人意料的新假设，创造出新成果。DNA 那令人惊叹的双螺旋结构，简直像极了拥有两排扶手的旋转天梯。时光转盘倒转到 1951 年，威尔金斯将同事富兰克林（R. E. Franklin，1920—1958）拍的一张清晰精美的 DNA 的 X 射线衍射照片在生物大分子结构会议上展出。美国生物学家沃森（J. D. Watson，1928— ）和英国生物学家克里克（F. Crick，1916—2004）被 X 射线衍射照片深深地吸引了，他们认为通过这项研究结果可以发现 DNA 的结构。后来，他俩搭建了 DNA 模型，最初他们对自己的模型还持怀疑

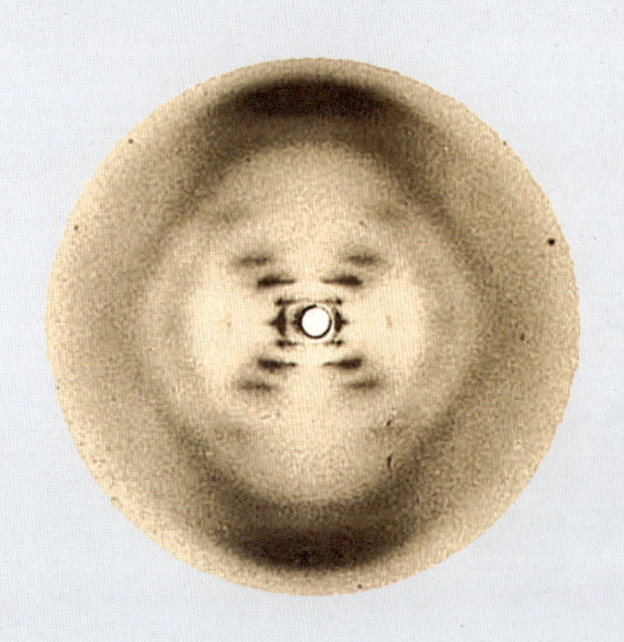

图 5-4　B 型 DNA 的 X 射线衍射照片

态度。但是他们经过反复严谨求证，确定了这种结构的真实性。

发现事物的灵感或许来自一瞬间，但是验证和探索真理的过程是漫长的。沃森在《双螺旋——发现DNA结构的故事》中回忆道：

> DNA仍然是一个谜。大家都想在这个领域里显显身手。但是没有人敢保证能取得成功。而且，如果这个问题真像我们半信半疑地预料的那样激动人心的话，优胜者对这项荣誉是否当之无愧，也很难说。现在竞赛已经结束，作为胜利者之一，我知道事情并不是那样简单，肯定地说并不像报界报道的那样简单。

沃森的话丝毫不夸张，按当时的研究条件，即使是在经费最充裕的情况下，

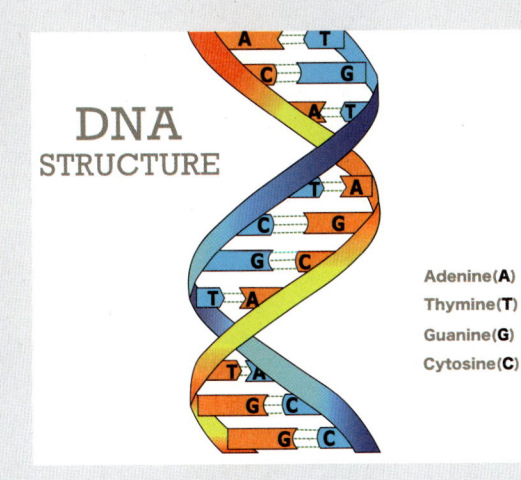

平面结构　　　　　　　立体结构

图5-5　DNA双螺旋结构图
DNA双螺旋结构中碱基A和T、G和C的配对规则体现了科学美中的公式、定律之美。

五　万物生长，生机勃勃——生物学之美

要建立一个主要用 X 射线观察 DNA 结构的新研究小组也需要两到三年时间。可实际情况更糟，他们的研究经费全部来自威尔金斯的私人财产，而威尔金斯只是在伦敦金氏学院工作的学士。克服诸多困难后，他们根据 DNA 衍射图谱的有关数据总算推断出了 DNA 分子的螺旋结构。他们的研究走了很多弯路。最初，他们尝试通过数学推理或者某个数学公式来证明这个结构，但是无论怎么尝试都走不通，研究的工作似乎走到了尽头，不知如何开展下去。

正如马克思所说，在科学研究过程中没有平坦的大道，只有不畏艰险沿着陡峭山路攀登的人，才有希望到达顶点。他们并没有放弃，屡败屡战，不断重复地验证。直到 1952 年春天，他们发现在对称规则下构建出的 DNA 分子双螺旋结构是相对稳定的。DNA 内部的这种对应关系以及互补配对的和谐性让他们从内心感到振奋。

> DNA 结构也许是一种螺旋型的，任何别的构型都太复杂了。
>
> ——沃森

生命密码——DNA

诸多科学家怀着对生命的敬畏、对人类本源的追求，终于揭开了 DNA 的神秘面纱。

DNA 是生物学殿堂中一颗最耀眼的钻石，芸芸众生都是它的杰作。2002 年一首发表在期刊《中学生物教学》的 DNA 赞美诗广为流传，作者郭道胜先生将 DNA 比喻成拥有优美身姿的舞蹈家、聪睿的魔术家、恪尽职守的守更老人……字里行间洋溢出作者的陶醉之情！

DNA 承载着人类遗传的信息，从而能将人的一生贯穿起来。有关 DNA 遗传的理论反映了生物科学内遗传本质联系的审美形态，反映了人体内在规律的美，是美的内容与形式的统一，体现了简洁、有序、和谐统一。

DNA 理论开创了分子生物学的新时代，让人们清楚地了解了遗传信息的构成和传递途径。新兴学科如分子遗传学、分子免疫学、细胞生物学等像雨后春笋般出现。

大千世界的生物种类繁多，让人眼花缭乱，分子生物用简明扼要的规律与秩序解释了繁杂的外在现象，这无疑给人一种美感。例如，几乎所有的真核生物都通过 DNA 来保存和传递遗传信息，掌控着生物体的生老病死，犹如诗中所说的守更老人，为了生命的延续，默默地，默默地将生命的钟点敲响，送走夜晚，迎来晨曦。

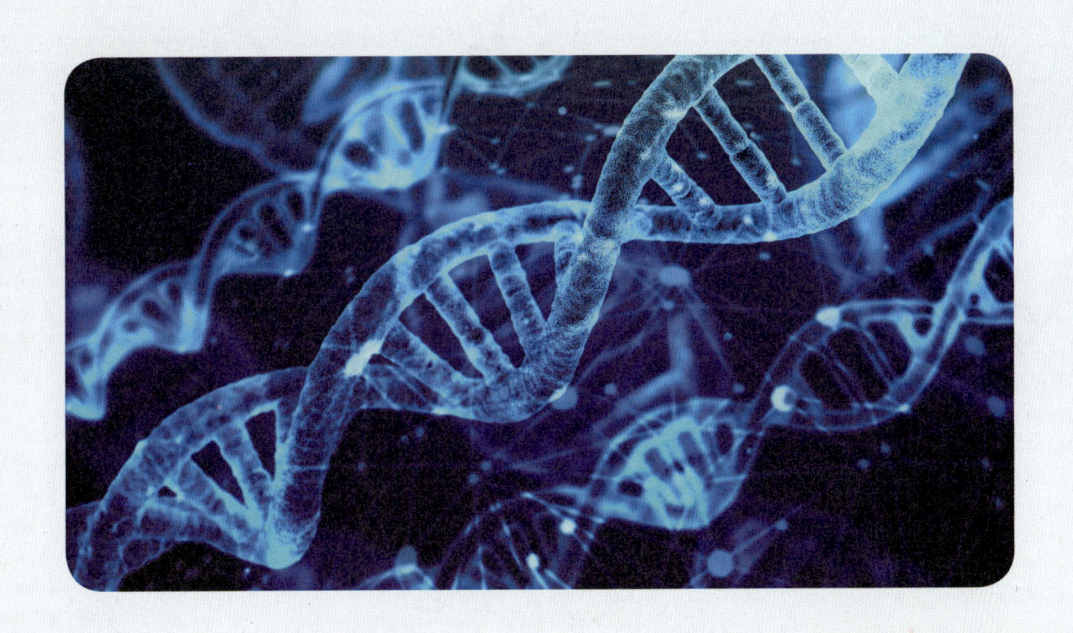

图 5-6　DNA 分子

如果说 DNA 是一首悠扬婉转的生命之曲，那么四个碱基就是构成曲子的音符。绝大多数真核生物体内都藏有由腺嘌呤（A）、鸟嘌呤（G）、胞嘧啶（C）、胸腺嘧啶（T）构成的十分美妙的"音符"，它们不是音乐课上我们唱的 Do、Re、Mi，但是它们的作用和音符是一样的。生物用它们谱写了一首动听的生命赞歌。这四个不容轻视的小小"音符"组合成长长的"简谱"，它们不是杂乱无章地自由组合，其中有 97% 的"音符"序列是有规律可循的，比如它们有一个共同的特征——都有两条由 A、G、C、T 组成的碱基序列。

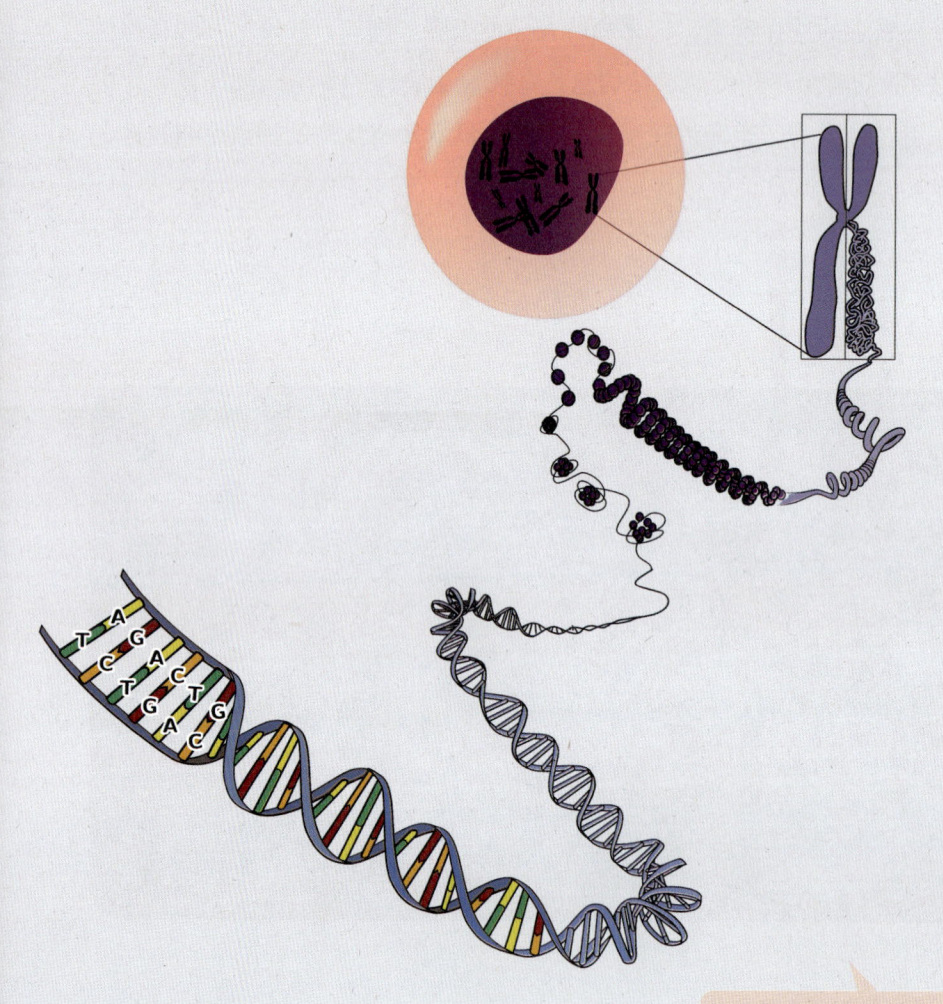

图 5-7　DNA 与细胞的结构模型

图 5-8　DNA 遗传分子构成的艺术意象
　　图中分别为：澳大利亚公园双螺旋塔（上左）、德国慕尼黑无尽楼梯（上右）、新加坡双螺旋桥（下左）和连理交枝的景观树（下右）。

　　为什么这些看似无规律可循的"音符"，却能十分整齐有规律地排列着呢？这是因为 DNA 是生命赞歌的"指挥家"，指挥着碱基创造生命。DNA 是人体内所有分子中最为特别也最为重要的。DNA 指挥一个个"音符"按乐谱排好，共同演奏出一首首悦耳的生命之歌。如果没有 DNA 的指挥，即使"音符"再多再美，也演奏不出动听的旋律。

五　万物生长，生机勃勃——生物学之美

与 DNA 不同，RNA 一般为单链长分子，不形成双螺旋结构，每天都忙碌地参与蛋白质的合成过程。而 DNA 会向 RNA 提供合成蛋白质的密码谱，方便其工作。正是因为它们默契的配合，生命才能井然有序地进行。无论是遗传序列的排序，还是 DNA 和 RNA 的工作搭配，都体现了 DNA 序列的和谐，是以有序美体现和谐、以对称均衡美体现和谐、以多样性体现和谐。

图 5-9　威尔金斯
英国分子生物学家，在伦敦国王学院期间解开 DNA 分子结构。1962 年，莫里斯·威尔金斯和弗朗西斯·克里克、詹姆斯·沃森被授予诺贝尔生理学或医学奖。

生命的魔法盒——细胞

细胞外形精巧，是动植物的结构和功能的最基本单位，是地球上最基本的生命系统。生命离不开 DNA，同样也离不开细胞。如果离开了细胞就没有了神奇的生命乐章，更没有地球上那瑰丽的生命画卷。正如翟中和院士所言："我确信，哪怕是一个最简单的细胞，也比迄今为止设计出的任何智能电脑更精巧。"

图 5-10　翟中和院士
我国著名的细胞生物学家，北京大学生物学系教授。1991 年当选为中国科学院院士。首次研制成鸭瘟细胞疫苗，首次证实原始真核细胞存在染色体骨架与核骨架，在植物细胞与原始真核细胞中存在角蛋白中间纤维，在国内首次建立了非细胞体系核重建的实验模式。

细胞漫长的演化史，浓缩着辉煌伟大、异彩纷呈的地球生命演进史诗。无论细胞在外形上多么复杂，其在本质上却是相当一致的，可以通过细胞，将渺小的蚂蚁与体形庞大的虎鲸联系在一起，将人身上的头发丝、耳朵、鼻子、眼睛、皮肤、指甲统一起来。细胞构成了千差万别的生物，也呈现出多样性。

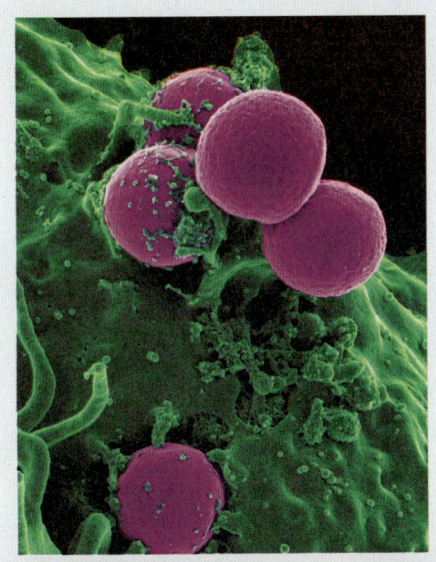

图 5-11 不同形状的细胞

植物细胞和动物细胞有很多相同的细胞器，也有一些是不同的，那么两者在进化中有没有什么关系呢？细胞是一位伟大的"画匠"，勾勒出地球上多姿多彩的生命画卷。这位极具天赋的"画匠"创造出了海葵、珊瑚虫、水母这一类简单的细胞生物。

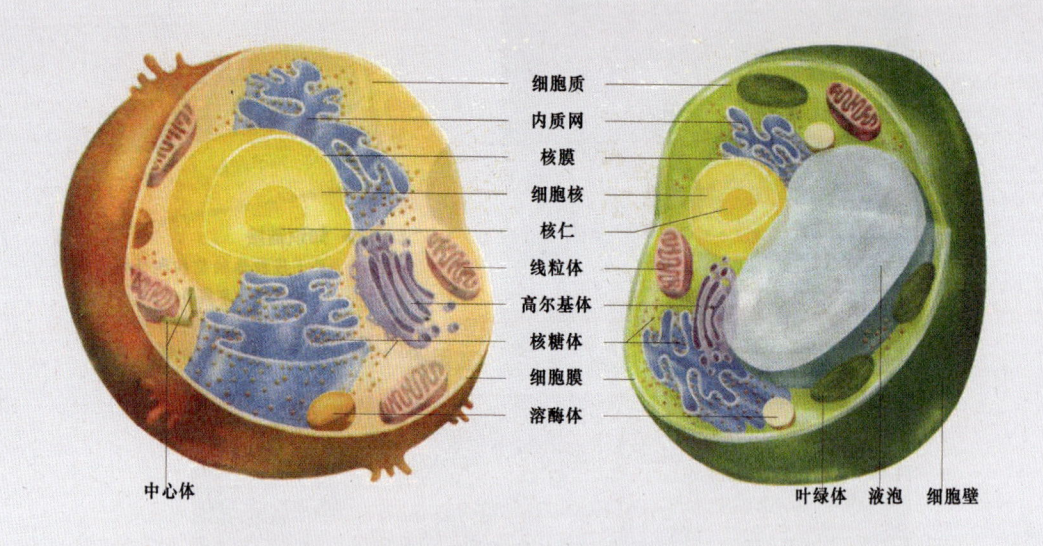

图 5-12 动物（左）和植物（右）细胞内部结构

色彩斑斓的海葵、珊瑚虫、水母长得像花儿一样绚烂，而事实上它们是结构十分简单的捕食性动物。它们和很多生物一样有着相似的细胞基本结构，如细胞核、高尔基体、内质网、核糖体、中心体、线粒体和溶酶体等。根据中心体等细胞器的存在我们可以把它们划为动物细胞。

图 5-13　美丽的细胞动物

生命的交响曲——细胞的生命活动

线粒体是细胞进行有氧呼吸的场所，为生命提供 95% 的能量，它是生命交响乐队的铜管组，它们的表演强烈宏大，表现力丰富，演奏时可以感受到"力量"；叶绿体是高等植物和一些藻类特有的细胞器，它是生命交响乐的打击乐器组，它能进行光合作用，是交响乐的"点睛之笔"；内质网是生命交响乐的弦乐组，在交响乐中最富有表现力，演奏主要旋律部分，它担任着加工合成蛋白质以及脂肪等重要使命；高尔基体是生命交响乐的木管组，既能表现出斗志昂扬、欢愉活泼等情绪，又能表现出忧伤、平静、庄严、低沉、

图 5-14 维也纳金色大厅演奏会

哀愁的情绪，是对生命交响乐主旋律的配合、补充与完善，它负责对内质网的蛋白质进行加工、分类和包装。

　　无论春夏秋冬、风云变化，细胞中各个细胞器都能够和谐有序地进行工作，保持生命体的稳态特征，才能使生命好像一首曲子，一首从简单的音符开始的曲子，一首壮丽恢宏的曲子，每个音符都带有动听的音律，每个音节都带着欢快的节奏，每个音段都柔美和安适，演奏的歌曲自然且灵动。

达尔文在《物种起源》中这样形容生命:

> 生命及其蕴含之力能,最初由造物主注入到寥寥几个或单个类型之中;当这一行星按照固定的引力法则持续运行之时,无数最美丽与最奇异的类型,即是从如此简单的开端演化而来、并依然在演化之中;生命如是之观,何等壮丽恢弘!

图5-15 达尔文
查尔斯·罗伯特·达尔文(1809—1882)是英国生物学家、进化论的奠基人。其编著的《物种起源》,提出了生物进化论学说,从而摧毁了各种唯心的神造论以及物种不变论,为人类做出巨大贡献。

3. 审美表现与创造

科学和艺术在自然美的范畴内互相渗透，互相贯通，密切联系形成一个整体。因而人们常常利用艺术手段普及科学知识。这里选取郭道胜的诗歌《DNA赞美诗》来让大家感受一下 DNA 的魅力。

> **训练一：**
>
> ### DNA 赞美诗
>
> #### 文 / 郭道胜
>
> 因为，有了你，寂寥的荒原才散发出生命的气息；
> 因为，有了你，生命才如同滔滔的长江黄河——奔流不息；
> 因为，有了你，大千世界才如此缤纷绚丽处处充满生机。
> 你，——如同一个恪守职责的守更老人，
> 为了生命的延续，默默地默默地将生命的钟点敲响，
> 送走夜晚，迎来晨曦。
>
> 啊！DNA，
> 上苍赐给你舞蹈家的身姿，
> 你，随意地——将生命的彩练挥洒自如，
> 在苍茫的键盘上奏响了生命强音，
> 那是大地赋予了你钢琴家的灵气。
>
> 啊！DNA，
> 你有魔术师的聪睿，凡人捕捉不到你的踪迹，
> 你却悄悄融入了每一个肌体。
> 你潇洒的翻转着生命的魔方，
> 展现给世人一个美妙绝伦的天地。
>
> 啊！DNA，
> ——生命的遗传物质，我，赞美你！

训练二：

刘易斯·托马斯的《细胞生命的礼赞》以优美、清新、幽默、含蓄的文笔揭示了物种内在的相似性和互相依存的共生关系。该书包含了作者对生命、人生、伦理乃至整个宇宙的思考。

我们细胞核里携带的大量DNA，也许是在细胞的祖先融合和原始生物在共生中联合起来的年月里，不知什么时候来到我们这儿的。我们的基因组是从大自然所有方面来的形形色色指令的结集，为应付形形色色的意外情况编码而成。就我个人而言，经过变异和物种形成，使我成了现在的物种，我对此自是感激不尽。不过，几年前还没有人告诉我这些事的时候，我还觉得我是个独立实体，但现在却不能这样想了。我也认为，任何人也不能这样想了。

地球上生命的同一性比它的多样性还要令人吃惊。这种同一性的原因很可能是这样的：我们归根结底都是从一个单一细胞衍化而来。这个细胞是在地球冷却的时候，由一响雷电赋予了生命。是从这一母细胞的后代，我们才成了今天的样子。我们至今还跟周围的生命有着共同的基因，而草的酶和鲸鱼的酶之间的相似，就是同样相传的相似性。

上文向大家介绍了以生物或者生物现象为对象的文学作品，请大家以赞美诗或书中片段为例，写一篇自己的作品，与小伙伴们一起交流欣赏。

训练三：

日常生活中，还有很多以DNA双螺旋结构为灵感的艺术作品，例如下图就是某位小伙伴在北京中关村拍下的一张图片。请你们细心留意身边的建筑、雕塑、楼梯等生活场景，看是否也有以DNA结构为灵感的设计，拍下照片，与小伙伴一起欣赏。

图 5-16 中关村双螺旋建筑

六

图 6-1 地图涂鸦

江山如此多娇
——地理学之美

这是一幅用色彩覆盖的地图，它展现的是多彩的大陆。人类在认识地球家园的同时，也在用各种手段创造着独有的视觉美。

1. 什么是地理学之美

地理学是研究地球表面及宇宙环境的结构分布及其发展变化的规律以及人地关系的学科，通过学习地理还可以揭示和反映客观世界的简单性、完整性和有序性，从而引起审美主体愉悦的情感体验。

人类在对地理环境的探索过程中逐渐掌握了地理规律，并且获得了丰富的研究成果。这些研究成果具体有：地图的设计、古代的浑天仪的设计、现代的地球仪和指南针的设计等；天体运行规律、地壳运行规律、大气海水循环规律、生物圈运行规律等。

图6-2　浑天仪
　　浑天仪是中国古代著名的天文观测器具，其刻有二十八宿、中外星官、黄赤道、南北极、二十四节气、恒显圈、恒隐圈等，再用一套转动机械，体现出了简洁、和谐统一的地理科学理论美。

图6-3 梯田
梯田一般是山地（丘陵）地区的一种耕地类型。

山水之间，阴阳协调，刚柔并济。日月星辰、花鸟鱼虫，万物的多样与和谐，穷极于山水间，展现了地理现象之美。人与自然不可分割、平等、共生、共存，这传达了一种尊重自然、和谐共处的理念。我们通过对地理事物的分析、比较、归纳以及演绎，便能感受到地理规律之美的无穷魅力。

六 江山如此多娇——地理学之美

2. 地理学之美的欣赏

沧海桑田的变迁——地壳运动学说

早期地图绘制者在绘制第一张地图时就惊奇地发现，地球的各大陆可以像巨型七巧板那样拼合为统一的整体。科学家们大胆推测地球的各板块原先属于一个联合大陆，随后这个大陆发生分裂。在当时，这样的想法在很多人眼里是很荒诞的，可在少数天才地质学家看来该假设却是新奇的、有趣的、有启发意义的。

魏格纳就是其中少数天才地质学家之一，他的"大陆漂移学说"在地质学中做出了巨大的贡献。但是魏格纳在《海陆的起源》中提出的"大陆漂移学说"被人们的嘲笑声淹没，他去世后半个多世纪才逐渐被人们接受。如今"大陆漂移学说"已经成为现代地质学"板块构造理论"的核心组成部分。

魏格纳是根据地图上大西洋两边南美洲和非洲之间海岸线的相似性产生了新奇的灵感。灵感往往来自一瞬间，稍纵即逝，但是对魏格纳来讲，这种奇异、新颖的想法就没消失过。他通过收集和整理全球各古生物化石等资料，形成了"大陆漂移"。由于魏格纳对大陆漂移动力机制解释上的瑕疵，其理论没有得到科学界的普遍认可，其去世后更被人们所淡忘。

图6-4　魏格纳，德国气象学家、地球物理学家，地质学家。1880年11月1日生于柏林，被称为"大陆漂移学说之父"。

图 6-5 南美洲和非洲大陆图
南美洲和非洲海岸线具有高度吻合性、相似性。

直到 20 世纪 40—50 年代，科学家通过各大陆岩石的剩余磁性计算发现，现在地球上的大陆确实是因漂移而产生的。与此同时，科学家们利用第二次世界大战期间发明的声呐技术绘制出了全球海底地貌。航磁测量也发现在大洋中脊两侧平行排列有条带状磁场，这让科学家们意识到，海底是沿大洋中脊扩张

图 6-6 火山爆发

六 江山如此多娇——地理学之美 103

的结果。后来,科学家通过分析海底沉积物年龄证实海底是在不断扩张更新的,并且精确计算出海底扩张速度为1~10厘米每年,并被现代卫星所证实。这些探索发现无不洋溢着理性的智慧、严密的逻辑分析,是对真理的思考与追求。地球物理学家们还通过地震波技术,了解地球内部具有地核、地幔、地壳、软流圈等结构。

这让科学家对"大陆漂移说"、"海底扩张说"以及"板块学说"有了新的理解。由大小板块构成的地球岩石圈"漂浮"在软流层之上并以大洋中脊和岛弧海沟为边界。热对流驱动地幔物质在大洋中脊附近上涌,使海底不断扩张,并且驱动大小板块发生位移。岛弧海沟附近的两个板块发生碰撞,地壳运动伴随着地震和火山喷发现象。这些理论通过形式逻辑构成了一个完整的地理学理论框架,映射出自然地理运动的壮丽美景,体现的是精密、简洁、和谐之美。

图6-7 地球圈层结构示意图

纳万物于纸端——地图

魏格纳通过地图中南美洲和非洲海岸线惊人的相似性，揭开了大陆神秘的面纱。其实地图的美还在于它能包罗万象，将山河雄壮、气象万千、锦绣大地、万里河山一一描绘；它的美在于突出了地理学科与其他学科不同的特性，它可以大量运用地图、图表、图片去表达空间概念以及地理事物的空间结构；它的美在于它遵循一定的数学法则，通过科学的概括以及符号系统等来传递时间、空间的分布和发展规律。

因此，地图在传递位置信息的同时，也是一种视觉作品，有着艺术性的一面。地图各要素间层次分明、布局考究、配色和谐，不仅有助于人们使用，也会给受众带来愉悦的感受。地图的符号系统包括方向、比例尺、图例。这些简洁而又明晰的符号以其形状、大小、明度、结构、方向等来记录和传递地理信息。

图 6-8 世界地图
　　世界地图是指描绘整个地球表面的地图，一般画有地形、经纬线，并标注有地名等数据，人们可以利用经纬线在世界地图上找出各个地方的具体位置，从而了解世界的全貌。

审图号：GS(2016)2947号
国家测绘地理信息局 监制

六　江山如此多娇

地图的指向标一般为"上北下南、左西右东",在漫漫征途中帮助人们指明方向;比例尺是地图上距离与实际距离之比,通过比例尺可以实现物质世界中数量关系与空间形象的抽象,虚实相生,可以将整个复杂的地形简洁化。

等高线指的是地形图上高程相等的相邻各点所连成的闭合曲线。物体垂直投影到一个水平面上,并按比例缩绘在图纸上,就得到等高线,并通过数字来表示海拔等。

地图上的等高线更为直观地展现了不同地点的高度,从而帮助人们找到了认识世界的一条捷径。观察地图上的等高线,可发现一般等高线都是弯曲有弧度的,柔和而富有变化的曲线不仅可以帮助我们判断一个地点的地表形态还可以让我们体验到一种地形曲线美。等高线是按照一定的数学法则,经过取舍、简化和概括后,用特定符号对地形进行表达,在数形结合之下,地图呈现出一

图 6-9 涂上颜色的等高线地形图

幅绚丽的画面。

地理科学中的理论，如大陆漂移学说、天文运动学说、海底扩张学说等折射出真理的光芒，引起人们强烈的新奇感。地理环境整体性理论、生态系统平衡理论、人地关系协调理论等闪耀着智慧的光芒，历久弥新。立体的地图，其色彩鲜明，但具有规律性，正如马克思说的，"色彩的感觉是一般美感中最大众化的形式"。用深绿（代表平原、草地等）给人草木旺盛之感；棕色、黄色（代表山地、丘陵、高原等）既取自山地岩石之色，也象征高大、权威；用冷色、中色、暖色区分寒、温、热。地图作为文明的结晶之一，实际上很早就在神州大地出现了。如天水放马滩秦墓出土的地图是我国现存传世最早的地图，汉代的马王堆九嶷山图是最早以实测为基础的彩色帛绘地图，明代的两幅地图——郑和航

图 6-10　多彩的地球

六　江山如此多娇——地理学之美

海图与坤舆万国全图，表现了当时的中国对世界的认识。其中，《坤舆万国全图》刊于明万历三十年（1602年），太仆寺少卿李之藻出资，通幅纵高168.7厘米，横长380.2厘米。图首右上角题"坤舆万国全图"。

令人惊叹的是，早在四百多年前古人对世界、对地球乃至于对诸多天文现象的认识和现代竟然相差无几！地图将丰富的色彩、众多的符号以及不同的注记进行协调统一，表现出多样统一美，即和谐美。地图以其和谐的结构和巨大的功能，笼天地于一物，纳万物于纸端，指导人们的实践活动。

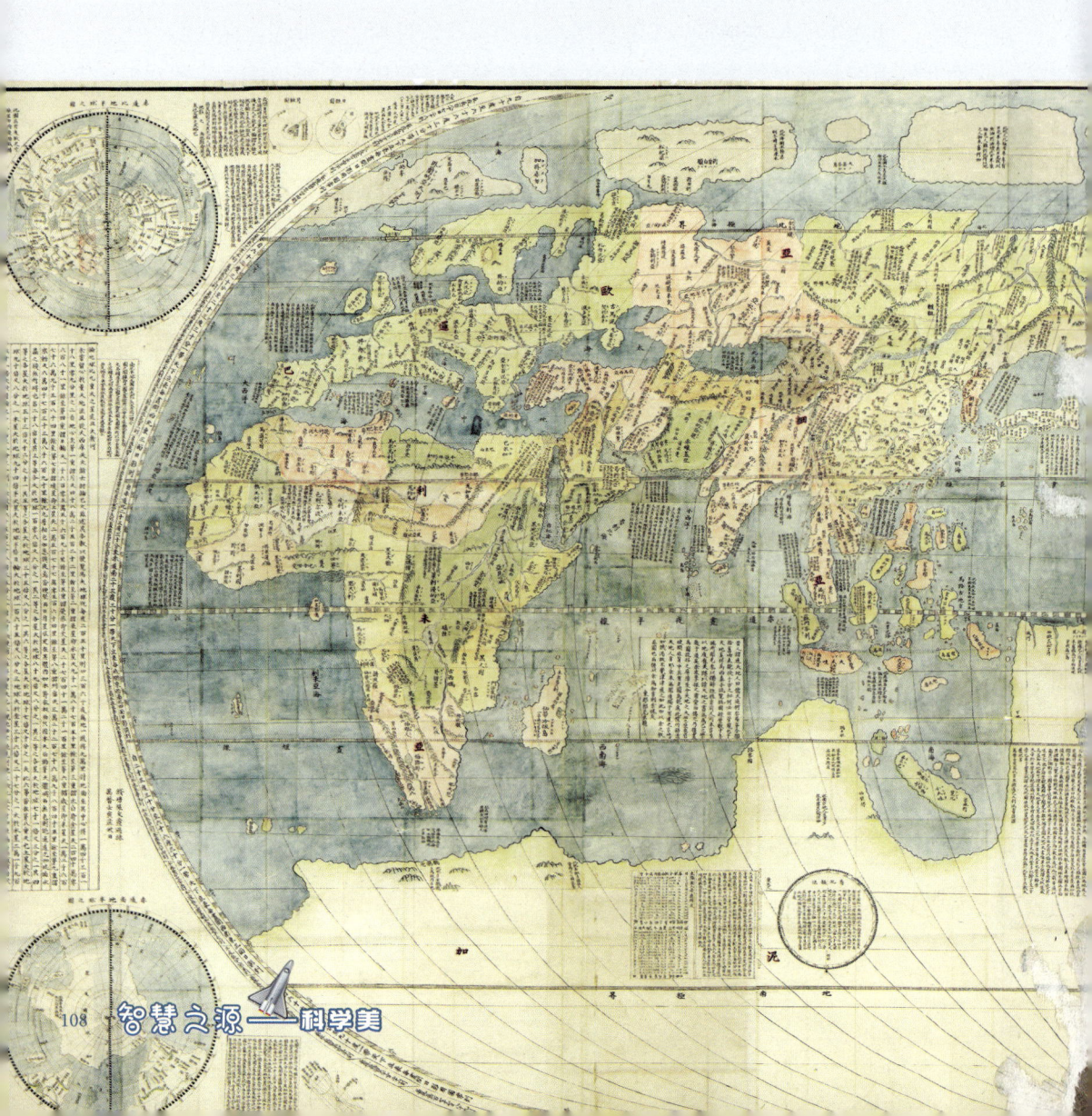

地图用一幅画来表示世界，其中珍藏着人类对自身和外界无比真实的情感，它可以让我们相信，我们完全有能力从这里到达那里；它可以增强我们的信念，千里之外有如画的好风光，并且是我们可以到达的远方。有了地图，人类便可以认识自己的安身立命之所，知道自己身在何地。地图，不仅实用，更可以实现一种心境，能让人神游于千山万水，其乐无穷。

图 6-11　坤舆万国全图
图为日本摹绘本，现藏于日本东京大学。

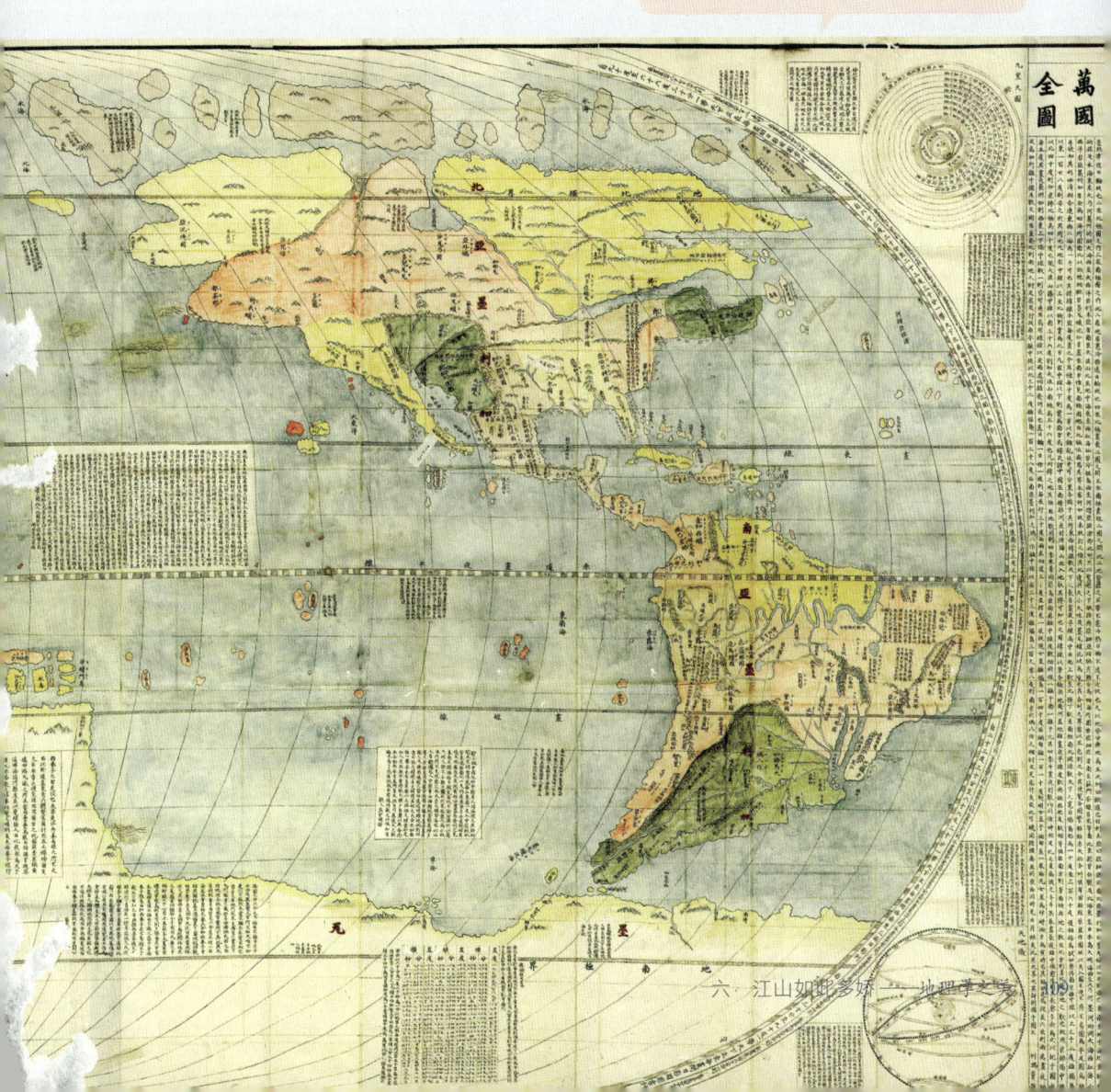

笼天地于一物——"3S"技术

"3S"技术是遥感（Remote Sensing，RS）、全球定位系统（Global Positioning System，GPS）、地理信息系统（Geographical Information System，GIS）的英文统称。

遥感，顾名思义，就是遥远地感知，遥感技术是从远距离感知目标反射或自身辐射的电磁波、可见光、红外线等进行探测和识别的技术，具有"千里眼""顺风耳"的能力。

20世纪70年代美国研制的空间卫星导航定位系统，其主要为陆、海、空三大领域，提供实时、全天候和全球性的导航服务，并用于情报收集、核爆监测和应急通信等一些军事目的，是美国全球战略的重要组成部分。后来欧盟开

图 6-12　遥感地理信息图

发"伽利略"系统、俄罗斯开发"格洛纳斯"系统，日本在美国定位系统的基础上开发"准天顶"系统，它们都是 GPS 系统的一种。2018 年 12 月 27 日，我国完全自主研发的"北斗"导航系统完成全球组网，系统服务范围由区域扩展为全球。据有关资料显示，"北斗"系统共有 35 颗卫星，都在离地面 2 万多千米的高空，以固定的周期环绕地球运行，使得在任意时刻，在地面上的任意一点都可以同时观测到 4 颗以上的卫星，确保全球范围内都能接收信号。

图 6-13 GPS 卫星网

地理信息系统是利用现代计算机图形技术和数据库技术，用以输入、存储、

图 6-14 卫星云图显示出的台风"泰利"和"彩蝶"

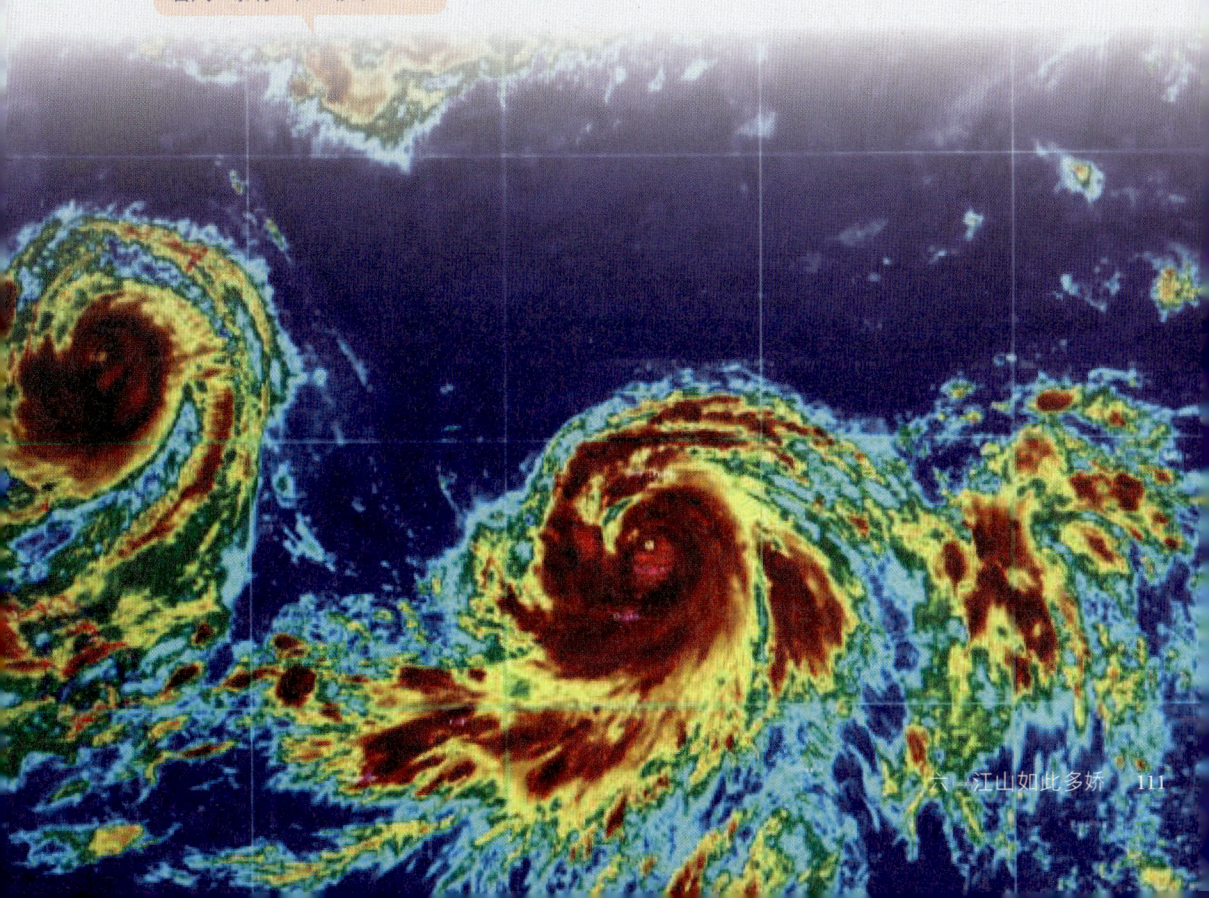

六 江山如此多娇 111

编辑、分析、显示空间信息及其属性信息的地理资料系统，其可以应用于农业气候区划、对城市污染进行模拟、土地规划、电力设施管理和公安消防等。

韦伊曾经这样写道："科学的真正主题是世界之美。"全球定位系统和遥感、地理信息系统相结合，技术结构也从单一技术向集成技术、基于网络环境的"3S"运行体系发展，已是一个世界地理科学发展的必然趋势，对"3S"技术的研究是一门科学的艺术，在学习和鉴赏时，我们能够在精神上获得审美的愉悦，也能收获理性的思考，从而更加热爱和敬畏科学。

图 6-15　珠穆朗玛峰

3. 审美表现与创造

训练一：

西南大学是一所著名的园林式大学，绿树葱茏，山水相映，占地面积逾 9 000 亩。塬澍手绘团队绘制了西南大学主校区平面图，图中教学楼、运动场、大门、学生园区描绘得很可爱，使整个校园看上去宛如动画片中的世外桃源。

你能和其他几个小伙伴一起，把你现在的校园地图手绘出来吗？绘好后可与他人分享交流你的作品。

图 6-16 大学校园手绘图
作者：塬澍手绘

六 江山如此多娇——地理学之美

> 训练二：

指南针是我国的四大发明之一。其在野外生存、旅游时应用广泛，而制作指南针的步骤也极其简单。

步骤1：取一块小钢片，先在酒精灯上加热然后放至冷却，卷成图一形状。在中心点用铁钉敲一个小凹坑，再放在酒精灯上加热后放至冷却，接着放在磁铁一极沿同一方向摩擦数遍（磁化）。

步骤2：用橡皮泥制作图二形状，在底座上插入缝衣针，针尖朝上，将小钢片放在针尖上，旋转小钢片，待其静止后朝南标上S，朝北标上N，一个小指南针就完成了。

图一：指南针形状　　图二：指南针底座　　图三：指南针整体

图6-17　简易指南针

根据上图流程，制作一个属于自己的指南针，并教小伙伴制作指南针。

训练三：

坐落于重庆市北碚区的重庆自然博物馆收藏了各类恐龙化石和动植物标本。展厅以生物进化为线索，介绍了鱼类、两栖类、爬行类、兽类、鸟类等相关知识。在这里，我们见证了地球的历史以及文明。请你和小伙伴或者父母一起去参观你所在地方的自然博物馆，并拍下让你最为难忘的照片，分享给身边的人。

图 6-18　重庆自然博物馆

七

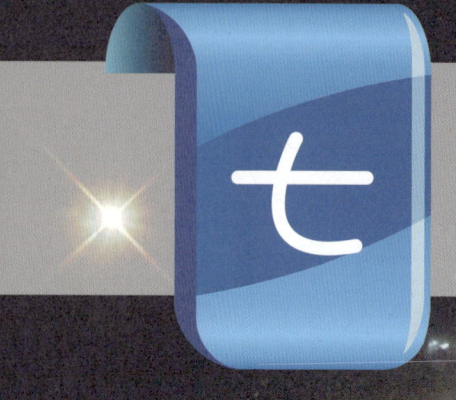

图 7-1　哈勃望远镜拍摄的星系图

遨游浩瀚的宇宙
——天文学之美

这是哈勃望远镜拍下的两个星系相互作用的照片,这两个星系外形如同一朵娇艳的玫瑰,在宇宙中熠熠生辉,这是一幅多么美妙的作品啊!谁曾想星系竟会以如此优美的方式组合在一起?这天堂里的玫瑰竟如此摄人心魄。乔尔丹诺·布鲁诺曾说过:"当我越过星光璀璨的夜空边界,探索地球之外的世界时,我会将别人勉力看到的远处的一切抛诸脑。"当面对浩瀚的宇宙,我们只需展开想象的翅膀,进入无边无际的宇宙深处,寻找"遥远星球上布满尘埃的小径"。

1. 什么是天文学之美

天文学是最古老的自然科学之一，已有约 6 000 年的历史。天文学以宇宙空间天体、宇宙的结构和发展等为研究对象，来揭示和反映客观世界的简单性、完整性和有序性。天文学之美的具体内容包括了天体的构造、性质和运行规律等方面的美。宇宙处处有规则，各种天体都在有规律地运行。例如太阳系中八大行星的运动，像无数唱片一样按一定速率、共向、共面转动，仿佛在演奏一曲壮美的宇宙乐章。

宇宙究竟是什么？什么是太阳系？什么是"黑洞"？什么是"暗物质"？在科学家眼中，宇宙或许比我们想象的更为复杂，也或许比我们想象的更美。

图 7-2　仰望星空

2. 天文学之美的欣赏

很多人认为天文学离我们遥不可及,其实它离人们的现实生活很近,并且它能够经得起实践的检验,也符合科学美学中最基本的标准。在我们仰望星空的时候,那闪烁的星星,划过的彗星,所产生的美让人惊叹!

天文学是一门与人们实践生活密切联系的科学,人们根据太阳在黄道上的位置,把一年划分为 24 个彼此相等的段落,也就是二十四节气。二十四节气能够反映四季变化,指导农业生产。再如,人们以天体为坐标,来测定地面点在地球上的具体位置,为地球物理学、地质学、地理学和制图学以及航空、航海等提供必要的参考数据。

图 7-3　北斗七星
北斗七星是大熊座的尾部,形状酷似古代舀酒的斗形,我国古代天文学家从斗身上端至斗柄末尾,依次将这七颗星命名为天枢、天璇、天玑、天权、玉衡、开阳、摇光。北斗七星在不同季节和夜晚不同时间,出现在不同位置,因而有言:斗柄东指,天下皆春;斗柄南指,天下皆夏;斗柄西指,天下皆秋;斗柄北指,天下皆冬。这反映的是古时候人民以北斗七星在夜空中的位置为依据,来确定农时以及指导农事。

真理之灯——哥白尼"日心说"

哥白尼倾其一生写成了《天体运行论》一书，书中主张"日心说"，并从美学角度批判托勒密的"地心说"理论各部分不成比例、不协调，他深信行星运动应符合最简单且最和谐的天体几何学。这本书的发表如同向神学递交了战书。至今，人们回过头来看他的行为、作品、理论，都感到十分震撼！

"日心说"是一个对太阳、地球以及月球关系、本质属性和发展规律等理性认识所构成的和谐统一的理论体系。"日心说"认为地球与其他行星一起围绕着太阳做圆周运动，而月球围绕着地球运动。当代发达的探测工具证实了哥白尼的说法，因此可以说"日心说"的部分理论揭示的是和谐的世界的客观规律。"日心说"从托勒密主张的"地心说"中整理出了太阳、地球及月球的运行秩序，给人以惊奇的美感体验！爱因斯坦曾言，"评价一个理论是不是美的，标准正是原理上的简单性"。

图 7-4 探索天空的想象

哥白尼曾用诗一般的语言赞美太阳和其行星家族的有序和谐:"太阳被称为宇宙之灯、宇宙之心、宇宙的主宰……太阳好像是坐在王位上,统率着围绕着它转动的行星家族……我们发现,在这有次序的安排下,宇宙有一种奇异的对称性,天体运动和大小的协调有确定的关系,而这是不可能从其他途径去获得的。"

我们的地球能够春天花红柳绿,夏天草长莺飞,秋天枫林如火,冬天冰封雪飘,正是因为它在太阳系中以恰当的位置与其他行星做和谐的运动。"日心说"理论体现了不断求新求异的创造性思维。

图7-5 油画《哥白尼与上帝的对话》,扬·马泰伊科绘

空中华尔兹——开普勒定律

开普勒定律又称行星运行定律，是德国天文学家开普勒在丹麦天文学家第谷等人研究的基础上，通过 10 年观测和分析后归纳提出的。回顾开普勒发现行星运动的过程，我们不难发现他的研究更多的是来源于他的美感直觉。这里需要提到他的美学启蒙导师——哥白尼。哥白尼根据自己的直觉提出了"日心说"的假说，开普勒被哥白尼学说的"美"深深地吸引，认为"日心说"有更明显的简单性与和谐。开普勒曾说："我是从灵魂的最深处证明它是真实的，我以难于相信的欢乐心情去欣赏它的美。"

开普勒于 1609 年在他出版的《新天文学》上发表了关于行星运动的两条定律，第一定律为椭圆定律，一切行星围绕太阳运动的轨道为椭圆，太阳处在椭圆的一个焦点上；第二定律为面积定律，相同时间间隔内，行星围绕太阳扫过的面积相等。

图 7-6　约翰尼斯·开普勒

图 7-7　太阳系行星运动轨道
太阳系的行星运动符合最简单且最和谐的天体几何学规律，体现了宇宙奇妙的对称与和谐。

　　1619 年，他又提出了第三定律，即调和定律，行星围绕太阳公转一圈的时间的平方与行星轨道长轴的立方成一定比例关系。一直以来，西方许多学者将圆形视为最美的图形。对此开普勒认为，行星沿椭圆轨道运动，而不是按最完美的圆形运动恰恰说明"上帝"是依照美的原则来创造世界的，行星在相同时间间隔内围绕太阳扫过的面积相等体现了"均匀"这一美学原则。开普勒定律将复杂的天体运动统一起来，遵循了和谐、均衡以及统一的美学原则。

七　遨游浩瀚的宇宙——天文学之美　123

星际测距尺——哈勃定律

爱德温·哈勃是美国著名的天文学家，研究现代宇宙理论最著名的人物之一，星系天文学的奠基人。他对 20 世纪天文学做出了许多贡献，确认了其他星系是与银河系相当的恒星系统，从而开创了星系天文学，建立起大尺度宇宙结构的新概念。他将我们生活的银河系的规律推及到其他星系，将这种统一性推广到宇宙的范围，让人感受到宇宙和谐、均衡和统一的美。

图 7-8　哈勃在帕洛马山天文台观测

图 7-9 哈勃空间望远镜

宇宙中的忍者——黑洞

　　由爱因斯坦的广义相对论可以推导出存在黑洞的结论，深入理解广义相对论便能预知黑洞，但是黑洞的发现并非易事。科学家们经过长期的观察发现，在宇宙中存在着美丽而又神秘的天体，其具有很强的磁力和引力，不断吞噬大量的星际物质。另一些物质在它周围运行，轨迹会发生改变，形成圆形的气体尘埃环。即使是光，在它的强大引力下，运行轨道也会发生弯曲。它还有很强的能量，可以发射出极强的辐射。

　　大量的证据证实了它的存在，但是人们无法揭开它神秘的面纱，目睹它的真容。一些天文学家想象它是一种恒星坍缩后形成的质量、密度很大的暗天体，美国物理学家惠勒给它取了一个有趣的名字——黑洞，从此黑洞的名字便流传开来。

图 7-10　约翰·惠勒
美国著名物理学家、物理学思想家和物理学教育家。主要从事原子核结构、量子理论、广义相对论及宇宙学等研究，于1967年的一次会议中提出了"黑洞"一词，后来还提出"虫洞"或"蛀孔"等词。

图 7-11　黑洞想象图

　　天文学家形象地描述了黑洞产生的过程。当某一颗恒星衰老时，它的热核反应已经耗尽了中心的燃料，剩下的中心燃料的能量不能承受起外壳巨大的重量。外壳在重力的作用下，往核心坍缩，最后形成体积无限小、密度无限大的星体。当它的半径收缩到一定程度（史瓦西半径），质量导致的时空扭曲，甚至光也无法向外射出，黑洞就这样诞生了。可以说黑洞产生的理论充满了新奇性，富有独创性，极具有美学的价值。

图 7-12　电影《星际穿越》中模拟的虫洞

七　遨游浩瀚的宇宙——天文学之美

图7-13 史蒂芬·威廉·霍金

英国著名物理学家和宇宙学家。其主要研究领域是宇宙论和黑洞，证明了广义相对论的奇性定理和黑洞面积定理，提出了黑洞蒸发现象和无边界的霍金宇宙模型，在统一20世纪物理学的两大基础理论——爱因斯坦创立的相对论和普朗克创立的量子力学方面走出了重要一步。

黑洞的产生不是偶然，而是自然规律内物质循环演变过程中一个重要的环节，揭示了宇宙的和谐、均衡和统一。

与其他的天体相比，黑洞十分特别。人类无法直接观察到它，只能对它的内部结构进行无限的遐想。黑洞能将自己隐藏起来的原因是它能弯曲时空，从而对人类的探测手段隐形。

有部分科学家认为黑洞是一种直观的涡旋现象，是宇宙中物质运动的产物，同时由于物质极速运动产生的磁场形成巨大的能量和引力。因为黑洞中心外来物质不易

图7-14 人类对于银河系外的生命星球的想象

智慧之源——科学美

进入，所以它的中心都是空白区域。一般情况下，黑洞周围物质运行的轨迹都是圆形旋涡状的，又因为黑洞物质密度分布均匀，有的周围会伸出旋臂，造成同方向辐射强弱程度不同的射线脉冲现象。

一个科学理论越能透过表象看到本质，就越能揭示事物对象的内部结构，也就越具有审美价值！当然，黑洞学说的建立，最终还是依靠大量的天文观测资料和严格细致的数学运算。科学美便以新的形式，体现在科学创造的活动和科学理论的构建过程中。不仅如此，霍金通过《时间简史》让人们领略到宇宙的奥秘，用两根手指叩开了宇宙之门。霍金身残志坚，坚定信念不向困难低头，只是为了向人们展示黑洞的奇妙与非凡。

图 7-15　欧洲天文台拍摄到的黑洞照片
　　黑洞是个十分诱人的概念，它将探索未知的兴奋感与对潜在危险的恐惧感巧妙地结合在一起，令人难以自拔。2019 年 4 月 10 日，欧洲天文台发布了人类第一张黑洞照片。该黑洞位于室女座一个巨椭圆星系 M87 的中心，距离地球 5 500 万光年，质量为太阳的 65 亿倍。它为所有物理学家带来了他们在理论研究中梦寐以求的东西：简洁与优美。正如诺贝尔物理学奖的获得者苏布拉马尼扬·钱德拉塞卡说的，"黑洞是宇宙中最完美的宏观物体"。

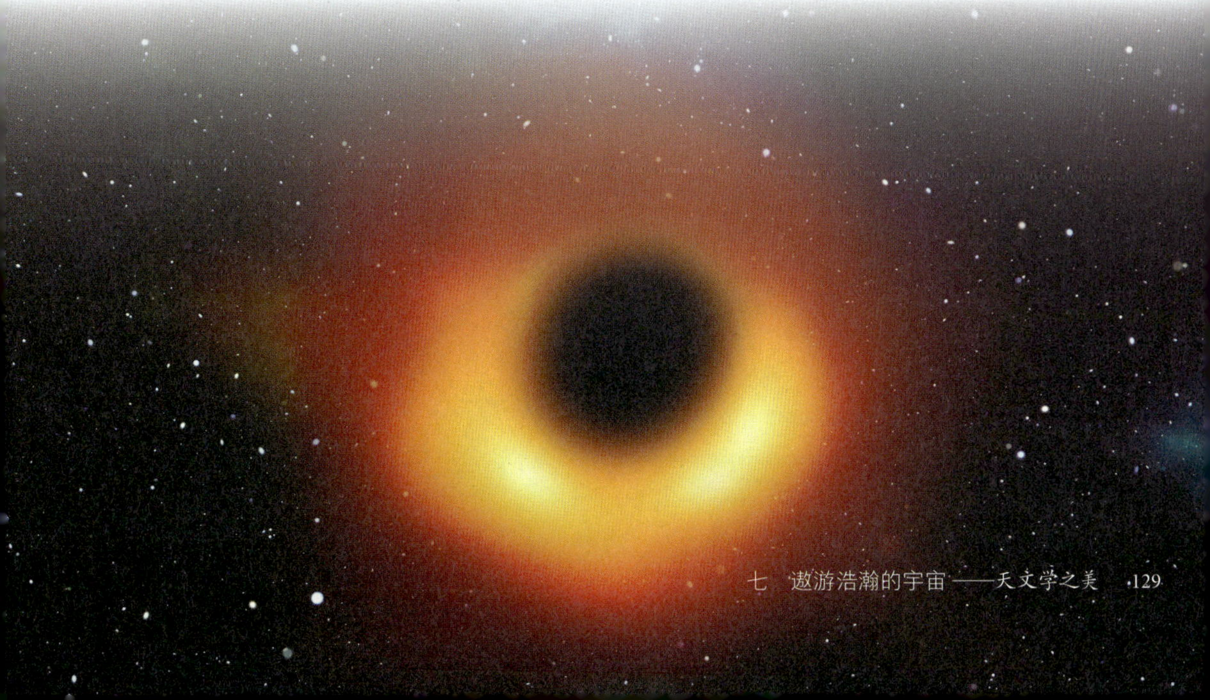

七　遨游浩瀚的宇宙——天文学之美

起点或终点——宇宙大爆炸

哈勃发现了星系的红移——天体的电磁辐射由于某种原因，频率降低波长增长的现象，证明宇宙在膨胀。哈勃利用当时世界上最大的望远镜对星系光谱以及星系距离的标距进行测定，研究成果显示这些星系光谱都表现出了普遍性的谱线红移。如果这是由于星系视像运动而引起的多普勒红移，则说明星系以很快的速度远离地球。再经过一段时间的研究发现，距离地球越远的星系，其谱线红移越大。

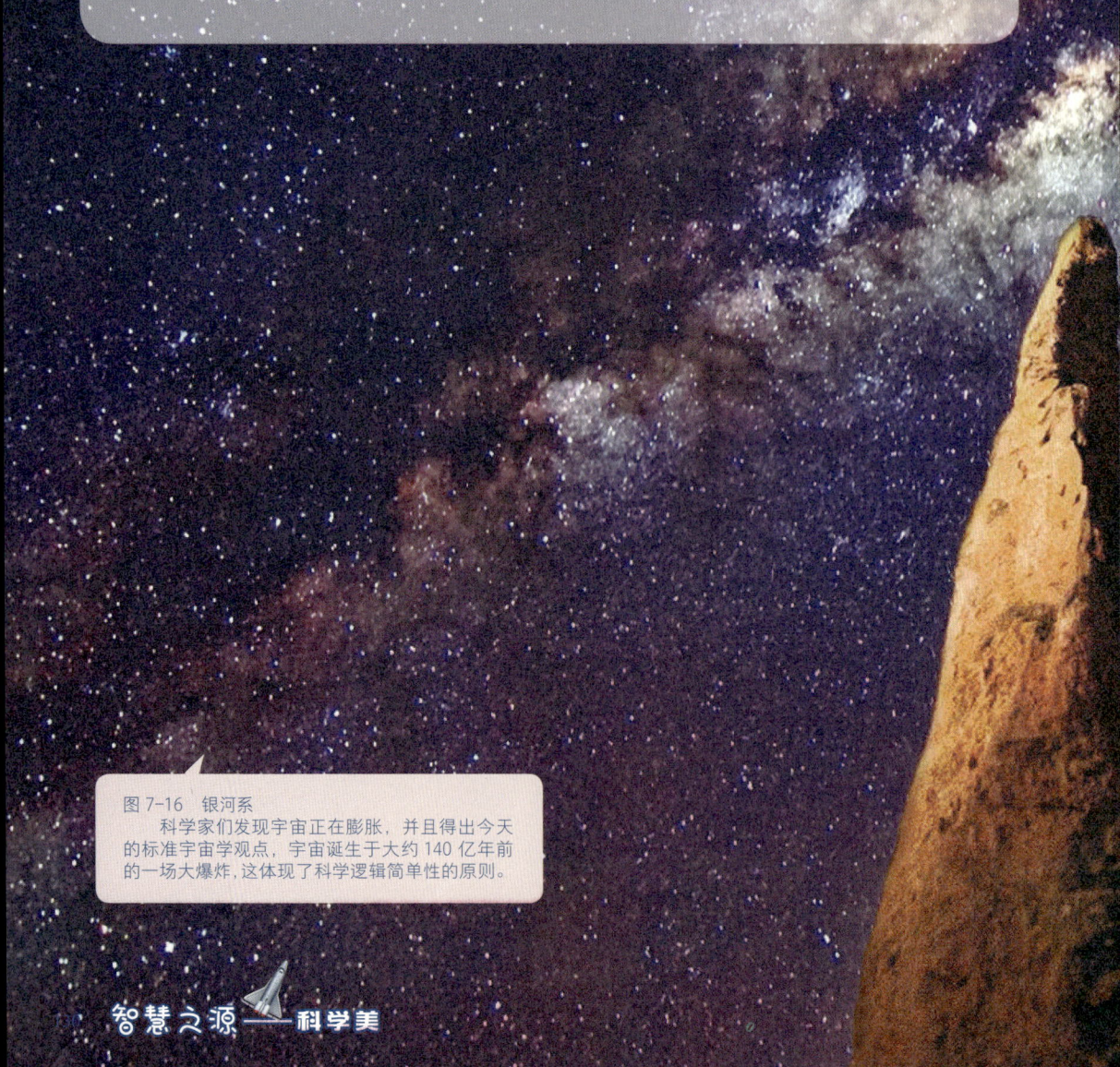

图 7-16 银河系
科学家们发现宇宙正在膨胀，并且得出今天的标准宇宙学观点，宇宙诞生于大约 140 亿年前的一场大爆炸，这体现了科学逻辑简单性的原则。

后来的天文学家根据哈勃定律提出宇宙大爆炸理论。爱因斯坦曾经说过："一种理论前提的简单性越大，它所涉及的事物的种类越多，它的应用范围越广，它给人们的印象也就越深。"无论是在天文学中还是在其他的科学美学的理论中，往往越简单的理论，科学的价值越大。

　　如果一个科学理论能够在前人研究的基础上得出新颖的研究成果，那么这个科学理论的美学价值就很大。据报道，2004年，霍金最新的研究发现，被吸入黑洞深处的物质的某些信息，实际上可能会在未来数十亿年的时间里慢慢地释放出来。霍金最具有想象力也最美的理论就是在经典物理理论框架里证明了黑洞和宇宙大爆炸奇点的不可避免性，黑洞越变越大；但是在量子物理的框架里，黑洞因辐反而越变越小，大爆炸的奇点不但被量子效应所抹平，甚至整个宇宙也起始于此，体现出世事万物的对立统一，同时体现出宇宙的和谐！

七　遨游浩瀚的宇宙——天文学之美

3. 审美表现与创造

训练一：

日晷是利用太阳位置来测量时间的工具，通过查阅资料发现许多人都有亲自制作过日晷的经历。制作日晷的方法很多，这里选取一位网友制作日晷的方法，供大家参考。

1. 拿一张盛蛋糕的纸盘，用剪子在纸盘中央戳一个洞，然后将纸盘反盖在平面上，在底部洞上插一根吸管，日晷的初步模型已经完成。

2. 等到早上出太阳并且九点整时，用彩笔记下纸盘上吸管阴影落下的地方。十点钟再回来标记纸盘上铅笔阴影的位置。每过一个小时都进行这个步骤，直到下午四点。一个完整简单的日晷就完工了。

3. 第二天，我们用自制的日晷和手表进行比较，可发现日晷记时的精准度完全可以和手表媲美。

以网友制作的日晷为例，设计制作自己的日晷，和小伙伴一起比一比谁制作的日晷外观更优美，实用性更强。

图7-17 日晷
日晷，本义是指太阳的影子。现代的"日晷"指的是古人利用日影测得时刻的一种计时仪器，又称"日规"。其原理就是利用太阳的投影方向来测定并划分时刻，通常由晷针和晷面组成。利用日晷计时的方法是人类在天文计时领域的重大发明，这项发明被人类沿用达几千年之久。

训练二：

　　天文馆是指以传播天文知识为主的科学普及机构。天文馆除普及天文知识、进行天文学宣传教育外，还进行天文观测及一定的天文学研究工作。坐落于我国首都的北京天文馆包含 A、B 两馆。A 馆有天象厅，B 馆内有宇宙剧场、4D 和 3D 剧场、天文展厅、太阳观测台、天文教室等设施。请小伙伴们利用假期去本地天文馆参观，或在网上了解，将所见所闻分享给其他小朋友。

图 7-18　天文馆

训练三：

　　夜晚的星空与皎洁的月光给人带来无尽的遐想。请小朋友们利用手机或者相机拍摄一组夜晚的星空图；与其他小伙伴一起举办一场以"星空"为主题的摄影展。

七　遨游浩瀚的宇宙——天文学之美

图 8-1 电路板

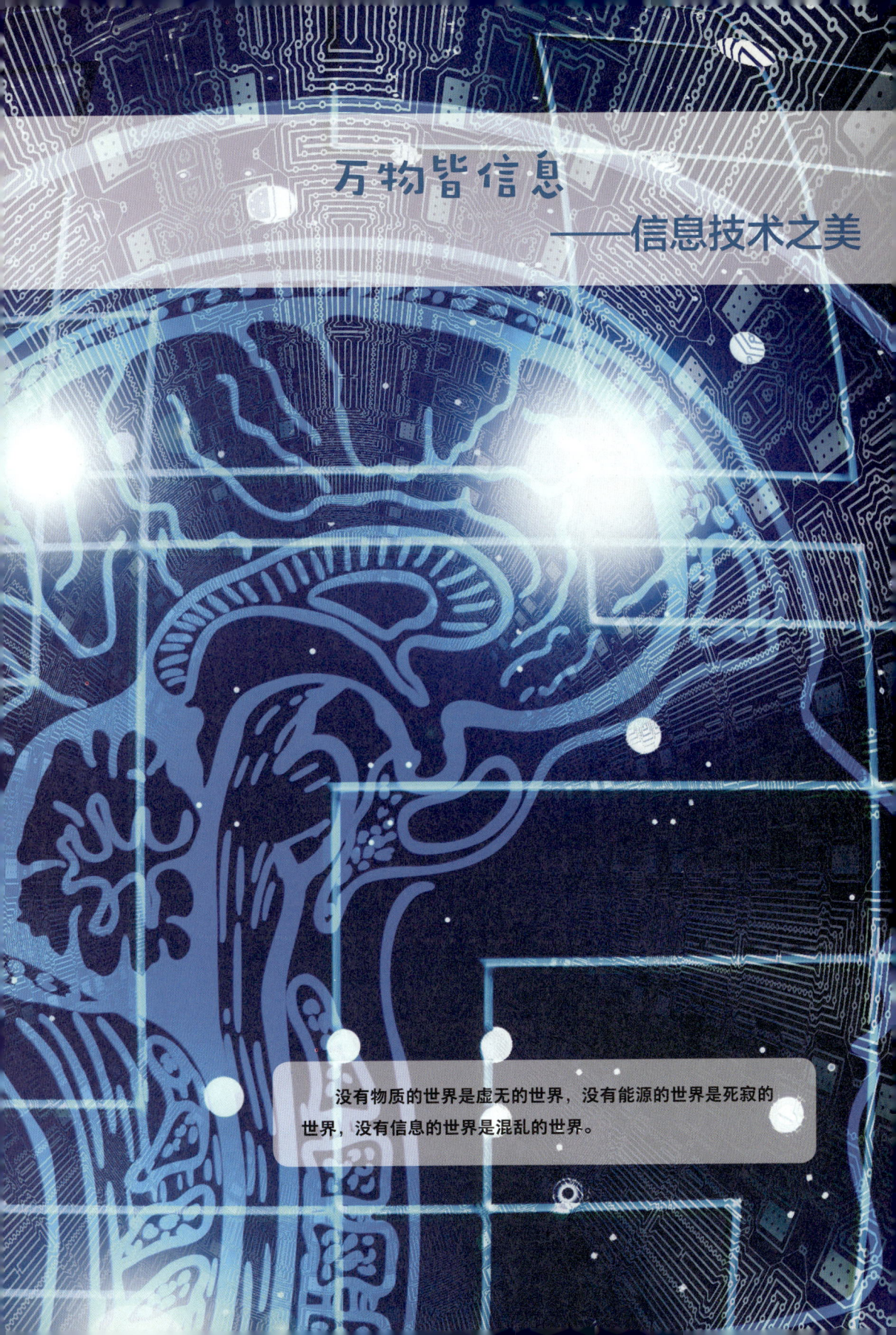

万物皆信息
——信息技术之美

没有物质的世界是虚无的世界,没有能源的世界是死寂的世界,没有信息的世界是混乱的世界。

1. 什么是信息技术之美

科学以发现规律，挖掘真理为首要目标，而技术则以科学为基础，是人类为实现社会需要而创造和发展起来的手段、方法和技能的总和。在众多技术领域中，信息技术可谓一枝独秀。信息技术不仅发展速度极快，而且以前所未有的方式影响着我们的生活。信息技术是指运用信息科学原理和方法，加工处理信息，以扩展人类获取、传输、处理、转换信息能力的技术。说到信息技术，人们想到的形容词大多是"实用""新颖""便利"等，却很少有人将信息技术与美联系起来。事实上，信息技术在给人类带来巨大便利的同时，也蕴藏了发明创造者追求简洁、有序、轻巧的美学思维。信息技术产品的设计者以现代科学技术的最新成果为基础，不仅要全面考虑劳动生产的经济、实用、美观和工艺需要，还要考虑整个社会生活的美化。

图 8-2　丰富多彩的信息技术世界

信息技术之美包含信息技术的形式美和功能美。信息技术的形式美是信息技术产品所表现出的外在的美，它是与功能美协调并存的一种美。信息技术产品的形式美表现在结构、材质、形态等多方面。苹果公司设计的很多数码产品一面市就带给世人以完美的形象、惊奇的效果和愉悦的感受。在外观上，该公司秉承"少即是多"的设计理念，舍弃不必要的元素，保留必不可少的部件。虽然苹果手机和平板电脑都具有上百种功能，却只需要极少的按键进行控制，将简洁之美体现得淋漓尽致。

技术的最终目的是满足人类和社会的需要，因此，信息技术最终都要落脚于有效、有利、有用。通信技术、移动通信技术以及宽带网络的使用拉近了人与人之间的距离，使"地球村"成为现实；微电子技术使得产品的超高容量、超小型、超高速、超高频、超低功耗成为可能；各种软件使我们的生活如万花筒般丰富多彩，学习、运动、娱乐、美食……一切应有尽有。

图 8-3 数码产品

2. 信息技术之美的欣赏

科学的馈赠——现代通信技术

从古至今，人类都在寻找方便、安全、快捷的通信方式与工具。古代，非洲人用有限的"鼓点"将不同的信息传递至 50 千米以外的另一个部落，中国也曾使用"烽火"传递紧急信息，周幽王利用"烽火"戏诸侯的故事便源于此。随着电的发现，人们开始设想利用电流传递信息。1832 年，俄国外交家希林发明了电报机，拉开了电信时代的序幕，开创了人类利用电来传递信息的历史。美国画家莫尔斯发明了一种专门的电报信息系统——莫尔斯电码。莫尔斯通过电流的"通""断"和"长断"组成莫尔斯电码，传替文字信息。但收发电报过程繁琐、信息量小，而且不能即时交流，于是人们开始探索能够直接传送声音的通信方式。随着技术突飞猛进的发展，人类的信息交流方式又发生了质的飞跃，移动通信极大地改变了大家的生产和生活方式。通信方式与工具正逐渐朝着便捷、快速的方向发展，而技术的革故鼎新则处处彰显着科学臻美的思维。

数字微波、光纤和卫星通信是现代信息传输的三大支柱。卫星通信将空间技术和无线电巧妙地结合起来，具有通信距离远，覆盖面积大等优点。

图 8-4 "东方红"一号

1970年4月24日,我国第一颗人造卫星"东方红"一号发射上天,人们奔走相告,欢欣鼓舞。至此,广播、电视将艺术圣殿搬到了中国的千家万户,我们既可以欣赏美妙的音乐,又可以观看发人深省的电影。

现如今,更先进的光纤通信是以光为信息载体,以光纤为传输媒介的通信方式。光导纤维(简称"光纤")是当前信息社会传输信息的主要工具,它是传输光信息的主要媒介。光纤由廉价的石英玻璃制成,科学家将石英玻璃拉成直径只有几微米到几十微米的丝,然后再在其外部包上一层折射率比它低的材料,就构成了光纤。只要光按照一定的角度射入光纤,就能在光纤中曲折前进,最大程度减少信号衰减。

光纤是一个完美的通道,它纤细而精巧,每一束光进入光纤都按照它的轨道传输而不会泄露,像舒缓的河水流进河道一样。科学家运用了最为基本的光的全反射定律就解决了光传输的难题,更妙的是科学家采用了廉价的石英玻璃材料,使得通信的成本大大降低。

2016年,"墨子号"量子科学实验卫星发射上天,这是世界首颗量子通信卫星,也是人类历史上第一颗尝试运用量子信息技术实现"天地交流"的卫星。量子通信是通过利用量子纠缠效应来进行信息传递的一种新型通信方式。所谓

图8-5 通信光纤

图 8-6　量子纠缠效果图

量子纠缠，就是两个相互关联后具有纠缠态的粒子，无论距离多远，只要一个发生变化，另一个也会在瞬间发生变化。而这种超视距的反应距离和无视空间的反应速度，正是我们所追求的安全高效的通信方式。

从"东方红"一号到"墨子号"，科学家们不遗余力地推动着卫星通信技术的进步，技术产品在不断更新换代，功能更加完善、外形更加优美、设计更加简洁，处处彰显着信息技术之美。

小身体，大能量——芯片

计算机是人类历史上最伟大的发明之一，它的诞生标志着人类进入了信息时代。计算机的类别很多，按照规模可以分为巨型机、小巨型机、大型主机、小型机、工作站以及微型计算机几种类型。人类历史上第一台电子计算机"ENIAC"诞生于 1946 年。它是一个庞然大物，使用了 18 000 个电子管，占地 150 平方米，重达 30 吨，耗电功率为 150 千瓦，但每秒仅能进行 5 000 次运算。现今，我国研发的超级计算机屡次夺得世界超算桂冠，仅 2016 年研发的"神威·太湖之光"的运算速度就达到每秒 9.3 亿亿次，峰值高达每秒 12.5 亿亿次。国家超算中心主任杨广文形象地说，"这台超算一分钟的计算量，相当于全球 72 亿人同时用计算器不间断计算 32 年"。

图 8-7　以芯片为核心的集成电路
电路中的每一条线路都规整有序，不会交叉，林立在电路中的电子元器件也都各有章法，看上去就像一个井然有序的城市。

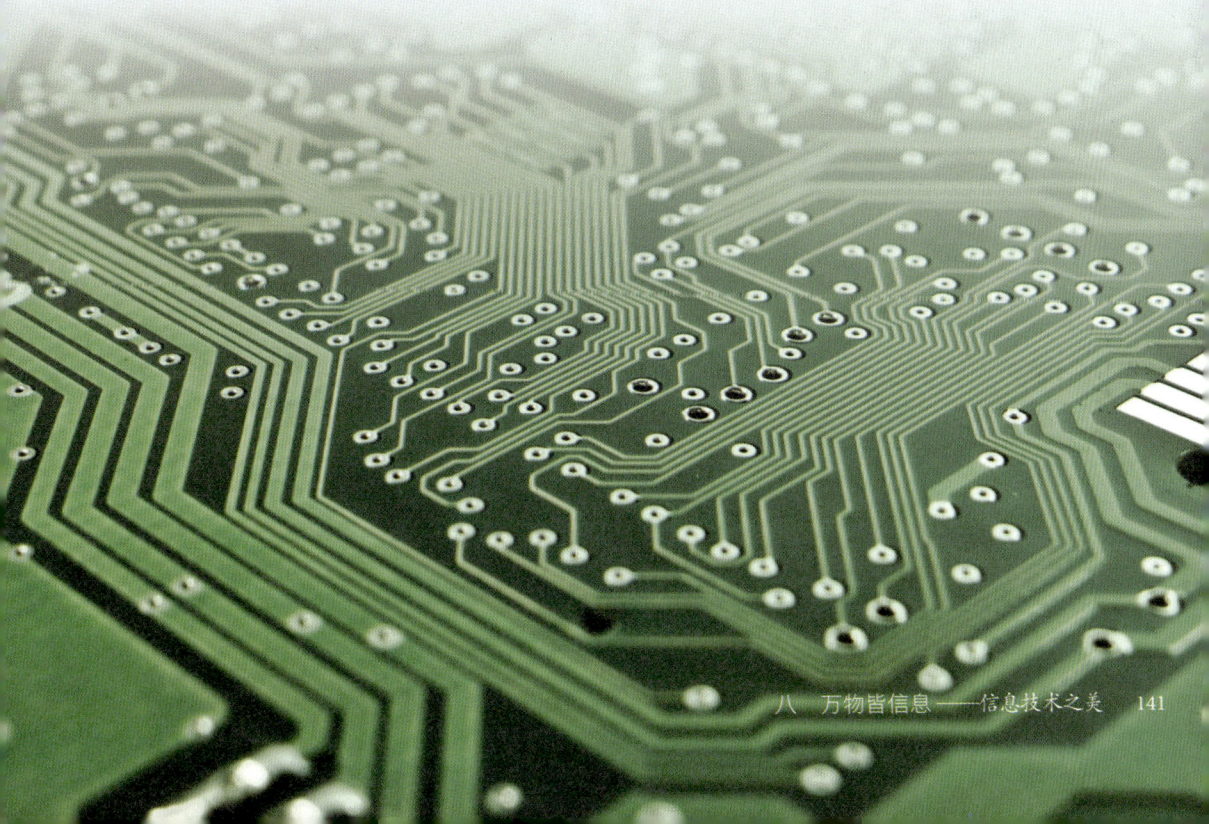

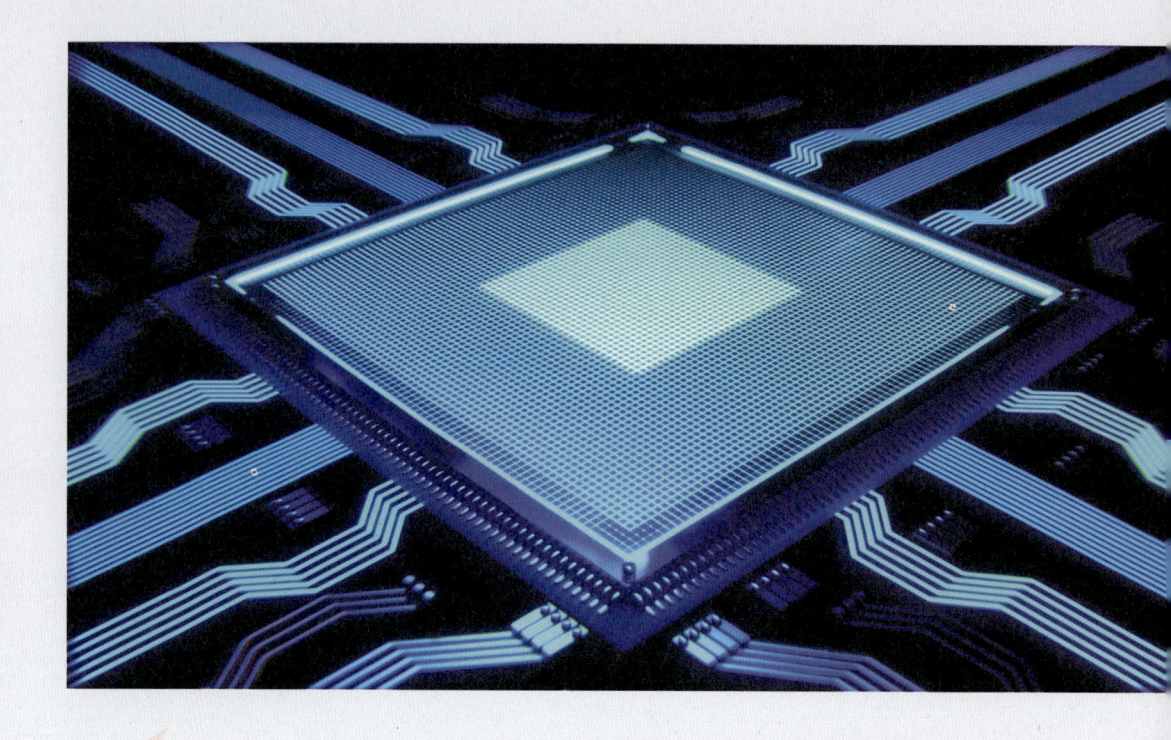

图 8-8　芯片示意图

  我们最熟悉的要数微型计算机了，也就是我们平时所称的电脑。它出现在信息技术课堂上，出现在父母的书房中，出现在我们生活的众多场景里。

  微处理器（CPU）是微型计算机发挥作用的关键所在，这颗小小的芯片在计算机内部发挥着中枢作用，既要进行复杂的数据计算，又要满足我们休闲娱乐的需求。小小的微处理器内部潜藏着数量惊人的晶体管，每颗晶体管按照一定的功能要求集成到特定的电路中。在现实生活中，还有各种各样功能各异的芯片，它们一起组成了"芯"的世界，为我们的生活提供了有力的支持。

芯片是由一层叠一层的、超薄的、如同迷宫般的材料组成，而每一个微处理器都含有几十个这样的图案层面。这些都需要事先设计好，设计芯片的人就像是一个立体城市的规划者，他必须合理归置每一层图案。既要实现强大的运算和控制功能，又要布局合理，不占太多空间，还要精巧有序，简洁美观，有利于生产制造。这些功能强大的芯片堪称完美的艺术品，而它们的设计者则是当之无愧的艺术家，当然，这样伟大的作品不是一个人能完成的，需要众多设计者的创造性工作。

> 据说，编程的人都怀揣着一个改变世界的梦想：编程神奇而充满力量，无数的年轻人投身其中，用梦想和思考改变世界。
> ——《编程之美》

图 8-9 神威·太湖之光
神威·太湖之光是由国家并行计算机工程技术研究中心研制的超级计算机，它安装了 40 960 个中国自主研发的"申威 26010"众核处理器。2017 年 11 月 13 日，全球超级计算机 500 强榜单公布，"神威·太湖之光"以每秒 9.3 亿亿次的浮点运算速度第四次夺冠。

八 万物皆信息——信息技术之美

抽象之美——计算机程序

2008年北京奥运会开幕式上刘欢与莎拉布莱曼倾心演唱的《我和你》,"我和你,在一起,同住地球村"。是什么让相隔千万里的我们有同住一村的感觉呢?这在一定程度上要归功于互联网,互联网为我们展现了一个全新的世界,它是用通信技术将不同地方的计算机连接起来,使这些机器能够共享硬件、软件和各种信息资源。

计算机是互联网上的节点,芯片是其中的关键所在,而现代通信技术则是这张大网上连接各个节点的线。要让这张网真正起作用,还需要发挥程序的作用,它是无形的指挥者,好的指挥者能够沉着有序地将大量计算机组织起来,而不好的指挥者则有可能无法应对太多情况,导致这张大网出现漏洞。决定这个指挥者好坏的正是它们背后的设计者,他们被称为程序员。程序员们充分发

图 8-10 各种各样的程序

挥自己的热情和想象力，构建了由"1"和"0"组成的庞大的数字世界，创造出一个又一个的奇迹。

　　程序员在遇到具体问题时，首先要分析问题，将具体的生活问题转化为抽象的数学问题，然后设计优化解决问题的步骤，最后用代码将这些解决问题的步骤再现出来，这些代码的集合就是程序。程序点燃了人类思考的火花，它的美感是程序员一生所不懈追求的。问题的抽象过程、算法的构思过程和程序的编写过程是程序中最深刻的美。优秀的程序往往能准确快速地解决问题，它们不是冰冷的计算机指令，而是像手工匠人的作品一样精致、像画家的画一样美丽、像作家的文字一样流畅优美。它们既存在于系统的细微之处，也存在于精心打造的大局之中。编制代码犹如思维体操，通过若干次思维训练，尽可能用有效、简洁、优雅的方式处理问题。

图8-11　编程

3. 审美表现与创造

欣赏了计算机程序之美，大家一定觉得编程这件事离我们太遥远，实际不然，麻省理工学院面向青少年开发了一款简易编程工具 SCRATCH，通过它，你可以感受程序的伟大力量，体会创作的乐趣。

训练一：

看看别人的编程作品

在 SCRATCH 网站上有许多来自不同国家青少年的作品，既有充满创意的动画作品，又有声像具备的故事作品，还有紧张激烈的小游戏作品……请大家仔细欣赏这些作品，也可以了解一下这些作品背后的编程信息。你发现了这些编程信息的规律后，便会对编程生出一种美感。

训练二：

发挥想象，开始你的创作

看了别人的作品，你是不是也有点跃跃欲试的感觉？现在就打开 SCRATCH 网站，发挥你的聪明才智，创作你的作品吧！

后 记

科学美反映的是自然界的事物及其规律的美，它是自然界和科学家联袂造福人类的礼物。对于科学的所有成果，人们都应该怀抱真诚之心，拥有渴望美，欣赏美的激情，积极去追寻科学美，欣赏科学理论，进行审美实践，这也是编写此书的目的。

本书由赵伶俐教授负责拟定整体的框架、指导编写、修改校订和最后的定稿；各章节的编写分工如下：叶泽洲（六盘水师范学院）、向春燕（陆军军医大学）编写话题一追寻智慧的根源，话题三品天地之美，悟万物之理，话题八万物皆信息；叶泽洲、谢丹（长江师范学院）编写话题二数乃万物的本原，话题四把握物质世界的脉搏；叶泽洲、陈月（西南大学）编写话题五万物生长，生机勃勃，话题六江山如此多娇，话题七遨游浩瀚的宇宙；叶泽洲负责统稿、修订和校对。

感谢来自西南师范大学出版社相关人员为此书的出版付出辛勤的劳动，此外，在本书的编写过程中参考了同行学者、专家相关领域的学术成果，还要感谢 Pixbay、Pexels 等网站提供的免费图片。全书若有不妥之处还要欢迎和感谢每位读者的批评指正！

编写组

2020 年 3 月

参考书目

[1] 黄京鸿.中学地理教育中的美育[M].重庆：西南师范大学出版社，2001.

[2] 李戎.美学概论[M].济南：齐鲁书社，1992.

[3] 王溢然.模型[M].郑州：大象出版社，1999.

[4] W.C.丹皮尔.科学史[M].李珩，译.北京：中国人民出版社，2010.

[5] 梁琰.科学之美无处不在[N].中国科学报，2018-02-23.

[6] 爱因斯坦.爱因斯坦文集：第1卷[M].许良英，李宝恒，赵中立，译.北京：商务印书馆，2017.

[7] 张相轮，凌继尧.科学技术之光 科学美学概论[M].北京：人民美术出版社，1986.

[8] 中国大百科全书总编辑委员会《物理学》编辑委员会，中国大百科全书出版社编辑部.中国大百科全书·物理学[M].上海：中国大百科全书出版社，1987.

[9] 钟义信.信息科学原理[M].5版.北京：北京邮电大学出版社，2013.

[10] 徐纪敏.科学学纲要[M].长沙：湖南人民出版社，1986.

[11] 杨建邺.物理学之美[M].北京：北京大学出版社，2011.

[12] 吴德全.科学人谈美和文化[M].北京：清华大学出版社，2006.

[13] 中国百科大辞典编委会.中国百科大辞典[M].北京：华夏出版社，1990.

[14] 舒盈.世界科学探索大全集[M].北京：高等教育出版社，2010.

[15] 张天云，何珍祥，宋晓宇.信息技术与信息时代[M].北京：化学工业出版社，2005.

[16] 吴文虎，李秋弟.小小芯片万事通[M].武汉：湖北少年儿童出版社，2009.

[17] 吴琼. 西方美学史 [M]. 上海：上海人民出版社，2000.

[18] 尼古拉·哥白尼. 天体运行论 [M]. 叶式辉，译. 武汉：武汉出版社，1992.

[19] 伯努瓦·B.曼德布罗特. 大自然的分形几何学[M]. 陈守吉，凌复华，译. 上海：上海远东出版社，1998.

[20] 黄昱夫，刘锴，王田田. 科技美 [M]. 贵阳：贵州人民出版社，2010.

[21] S.Chandrasekhar，朱志方. 科学中的美与求美 [J]. 世界科学，1990（08）：6-10.

[22] 杨振宁. 美与物理学 [J]. 物理通报，1997（12）：1-4.

[23] 杨振宁. 对称与物理 [J]. 自然杂志，1995（05）：247-257.

[24] 刘国章. 科学、技术与真、善、美[J]. 东南大学学报（哲学社会科学版），2010（12）:12-17.

[25] 杨怀中，高兮. 科学技术活动中的真善美的价值融合 [J]. 理论月刊，2010（07）:38-40.